Titus Arnu
Nackt am Grill

Titus Arnu

NACKT AM GRILL

Ein Mann geht an seine Grenzen

List

Mix
Produktgruppe aus vorbildlich bewirtschafteten
Wäldern und anderen kontrollierten Herkünften
www.fsc.org Zert.-Nr. GFA-COC-001223
© 1996 Forest Stewardship Council

List ist ein Verlag der Ullstein Buchverlage GmbH

ISBN 978-3-471-35032-4
© 2010 Ullstein Buchverlage GmbH, Berlin
Alle Rechte vorbehalten
Gesetzt aus der Swift
Satz: hanseatenSatz-bremen, Bremen
Druck & Bindearbeiten: CPI – Clausen & Bosse, Leck
Printed in Germany

INHALT

Die Midlife-Crisis, mein Kumpel und ich 7
Ein Wettstreit eskaliert

Laufen und Saufen 17
Extrem-Degustation beim Gourmetmarathon

Baumeln lassen 35
Allein unter schwitzenden Männern

Sag niemals nie 53
Mit Kompass und Pistole auf Agentenjagd

Am kritischen Punkt 75
Als Michelinmännchen auf der Sprungschanze

Sitz, Platz und Aus 95
Von Kampfhunden und Kurzzeithasen

Rütteln und rammen 115
Das Ding aus dem Sumpf

Grüner wird's nicht 139
Kohlköpfe und Mangoldwahn

Nackt am Grill 161
Party im Nudistencamp

Gandhi oder Hotdog? 185
Neues über den Sinn des Lebens

DIE MIDLIFE-CRISIS, MEIN KUMPEL UND ICH
EIN WETTSTREIT ESKALIERT

War das alles? Oder wartet da noch etwas auf mich? Ich meine damit nicht meinen Hund, der immer auf mich wartet und sich jedes Mal freut wie ein Irrer, wenn er mich sieht. Nein, ich meine etwas noch Größeres als den Hund, etwas Bleibendes, Glamouröses, Heldenhaftes.

Mit Anfang 40 habe ich fast alles, was Männer so haben wollen: eine großartige, gutaussehende Frau, zwei wunderbare Kinder, Haus mit Garten, Kombi, Köter. Es ist herrlich. Trotzdem grüble ich immer öfter nach: Kommt da noch was? Oder geht es ab jetzt kontinuierlich bergab? Wenn ich das akzeptiere, kann ich schon mal grob durchkalkulieren, wie ich den Treppenlift finanziere. Andernfalls frage ich mich, wie ich meinen körperlichen Niedergang mit meinen wachsenden sportlichen und geistigen Ambitionen in Einklang bringen soll.

Als Wolfgang Amadeus Mozart 30 wurde, begann seine glanzvollste Periode. Er komponierte die »Hochzeit des Figaro«, die »Kleine Nachtmusik« und seine schönsten Sinfonien. Er war weltberühmt, die Frauen umschwärmten ihn. Die meisten Nobelpreisträger hatten mit 40 ihre bedeutendsten Entdeckungen längst gemacht, sie hatten ihre wichtigsten Werke geschrieben und ihre wichtigsten Experimente erledigt. Wer Chef, Bundeskanzler oder Papst werden will, sollte mit 40 mindestens Vizechef, Minister oder Bischof sein.

Als ich 40 wurde, fragte ich mich, ob meine glanzvollste Periode spurlos an mir und der Weltöffentlichkeit vorübergegangen war – oder ob sie vielleicht noch beginnt, irgendwann. Andererseits: Wäre ich Mozart, wäre ich jetzt tot. Papst, Bundeskanzler oder sonst irgendein Chef wollte ich zum Glück nie werden. Trotzdem geht mir das Leben als solches entschieden zu schnell.

Meine persönliche Gesamtzwischenbilanz ist ja nicht übel, aber mich stört einfach der Gedanke, dass die erste Halbzeit schon rum ist – die durchschnittliche Lebenserwartung eines deutschen Mannes beträgt laut Statistischem Bundesamt etwa 76 Jahre, da bleibt nicht viel Interpretationsspielraum. Und während beim Fußball in den zweiten 45 Minuten oft noch entscheidende, spannende Dinge passieren, geht es im Leben für die meisten Männer tatsächlich bereits ab 40 bergab – beruflich, biologisch, beziehungstechnisch. Die Haare auf dem Kopf werden dünner, dafür wachsen sie an Stellen, wo sie partout nicht hingehören und einem ein monströses Aussehen verleihen. Längst schon benutze ich einen batteriebetriebenen Nasenhaarrasierer, aber das dient nur der Eindämmung der Kollateralschäden und nicht wirklich der Verjüngung. Soll ich mir etwa noch die Schultern und das Kreuz rasieren? Wenn die Gefahr nicht so groß wäre, sich dabei zu verrenken und einen Hexenschuss zu erleiden, würde ich das glatt versuchen.

In der Halbzeitpause ihres Lebens neigen Männer zu seltsamem Benehmen. Sie kleiden sich plötzlich betont jugendlich, kaufen sich ein Motorrad, betreiben Bodybuilding, fahren mit dem Rennrad 80 Kilometer weit ins Büro oder planen kühn die Besteigung eines Achttausenders, obwohl sie schon aus der Puste kommen, wenn sie zwei Stockwerke zu Fuß die Treppe hochlaufen. Manche träumen in dieser schwierigen Lebensphase von einer einsamen Insel, von einem roten Sportwagen oder einer jungen Freundin. Einige Männer beginnen spontan mit Ultramarathonläufen, gehen für immer Zigaretten holen oder ergreifen eskapistische Hobbys wie Tiefseetauchen, Modellhubschrauberfliegen oder Fliegenfischen. Was für ein Quatsch.

Der Mann weiß nicht, wie es weitergeht in der zweiten Halbzeit seines Lebens, das macht ihn nervös. Oder er ahnt, dass es ein Debakel wird, und verhält sich deshalb zunehmend abnormal. Manche Altersgenossen verhalten sich selbst dann irre, wenn alles in Ordnung ist, finanziell, familiär und sexuell. Das sind dann die Kandidaten, die sich ohne Not in Gefahr bringen, einfach so. Weil sie einen tieferen Sinn suchen. Weil sie sich etwas beweisen wollen. Weil sie der Weltöffentlichkeit zeigen wollen, dass sie noch kein alter Knacker sind. Weil ihnen langweilig ist. Weil sie es noch mal wissen wollen.

Leider beobachte ich solche Tendenzen auch an mir selbst.

Um gegen die schleichende Verfettung und Vergreisung anzukämpfen, fing ich an, für meinen ersten Marathonlauf zu trainieren. Ich kaufte mir ein rotes italienisches Rennrad. Ich besorgte mir Hanteln. Ich fuhr nach Amsterdam, um bewusstseinserweiterndes Zeug zu rauchen. Ich spielte sogar mit dem Gedanken, mir ein Cabrio zu kaufen, aber da spielte mein Konto nicht mit.

Haben Frauen es besser? Die meisten Frauen um die 40 haben ihre Fortpflanzungsphase abgeschlossen, es folgen, wenn alles gut geht, 15 bis 20 ausgewogene, friedliche Jahre. Frauen können sich körperlich entspannen, weil sie nicht mehr reproduktiv rummachen müssen. Entweder haben sie schon Kinder oder wollen keine, oder die Wechseljahre schlagen erbarmungslos früh zu. Männer müssten auch nicht mehr reproduktiv rummachen, können es aber. Wahrscheinlich sind Männer allein deshalb ab 40 herzinfarktgefährdeter als Frauen dieser Alterskategorie.

Außerdem messen sich Männer häufiger mit anderen Männern als Frauen mit anderen Frauen. Ständig bohren vergleichende Fragen in meinem ohnehin recht schlappen Selbstbewusstsein herum. Kann ich so gut Auto fahren wie meine männlichen Altersgenossen, zum Beispiel wie Michael Schumacher? Kann ich so lecker kochen wie Ferran Adrià, der Gott der Gourmets? Kann ich so gut Klavier spielen wie Lang Lang und so herzerweichend singen wie Leonard Cohen? Die Antwort lautet natürlich: nein, nein und nochmals nein. Es ist aussichtslos, sich mit der Weltspitze anlegen zu wollen. Gegen den Hundertmeteräufer Usain Bolt oder gegen den Rekordradler Lance Armstrong hätte ich ohne Doping nicht den Hauch einer Chance und mit Doping natürlich auch nicht.

Also suche ich mir erreichbare Konkurrenten. Meinen Freund Christian zum Beispiel, der seine ähnlich überzogenen Ziele ähnlich halbfit, halbehrgeizig und halbkonsequent verfolgt wie ich. Er hat genauso kurze Beine, genauso wenig Zeit zum Trainieren und ebenfalls eine Familie mit Frau und zwei Kindern an der Backe. Christian kann sich also nicht wie unausgelastete Singles semiprofessionell in Extremsportarten hineinsteigern, sondern muss seine Midlife-Crisis so wie ich in relativ knapp bemessenen Zeitfenstern ausleben. Das macht die Situation nicht einfacher.

Als ich Christian kennenlernte, war ich 35 und er 45, allerdings sah er aus wie 39: volle, dunkelbraune Haare, schmales Gesicht, sportliche Figur, verschmitzter Blick. Sein leicht verhuschter, trippeliger Gang ließ ihn noch jünger erscheinen, seine Bewegungen wirkten manchmal fast kindlich. Seinen fünfzigsten Geburtstag feierten wir auf einer Berghütte, und es schien, als sei er im Laufe der Jahre nicht älter geworden, sondern jünger. Die Gäste stimmten mir zu, dass er aussah wie 38. Ich dagegen war 39 und hatte beim Blick in den Spiegel das Gefühl, auf die 50 zuzugehen, obwohl mein vierzigster Geburtstag noch bevorstand. Heute bin ich 42, sehe aus wie 42 und weigere mich krampfhaft, mich zu fühlen wie 42, aber Christian ist schon 52, sieht aus wie 37 und benimmt sich wie 29. Wenn das so weitergeht, wirkt er mit 60 wie 20 und ich mit 50 wie 70. Ich bin der Sache noch nicht auf den Grund gegangen, aber irgendwas daran ist faul.

Christian taugt besonders gut als Konkurrent, denn er ist nicht nur genauso klein wie ich, sondern hat auch ähnlich versponnene Ideen. Zum Beispiel war es mein Kindheitstraum, ein Modellflugzeug zu besitzen. Als ich noch ein Schulkind war, erfüllte sich dieser Traum nicht, denn im Gegensatz zu meinem Bruder hatte ich weder die Geduld noch das technische Geschick, ein sündteures Flugzeugmodell aus 2478 Balsaholz-Einzelteilen mit dem Fingerspitzengefühl eines Chirurgen zusammenzubasteln, um es dann nach monatelanger Arbeit beim Jungfernflug auf dem Acker zerschellen zu sehen. Heutzutage gibt es Modelle aus Hartplastik, die einen Bagatellbetrag kosten, vormontiert sind und diverse kapitale Abstürze überstehen. Kaum war Christian mit seiner Familie in unser Nachbarhaus gezogen und mein Mit-Jogger geworden, gestanden wir uns gegenseitig unsere heimliche Modellflieger-Leidenschaft ein: Ich verriet, dass ich gerade einen Segler mit Elektroantrieb im Internet bestellt hatte (»Dreikanal-Fernsteuerung! 100 Zentimeter Spannweite!!«), worauf Christian antwortete, er habe seinen gerade mit der Post bekommen (»Vierkanal-Fernsteuerung, 120 Zentimeter Spannweite!!!«).

Das war der Startschuss.

Die ersten Modelle gingen schnell zu Bruch, und wir rüsteten jeweils auf. Wenn ich einen Flieger mit 130 Zentimeter Spannweite und einer digitalen Fernsteuerung anbrachte, legte er mit einem 150-Zentimeter-Modell und einer computergesteuerten Sendeanlage nach. Kaum hatte ich meinen einmotorigen Plastik-Segler einigermaßen im Griff, übte er mit seinem Turbomotor-Kunstflieger schon Loopings. Nachdem ich endlich eine zweimotorige Maschine aufgetrieben hatte, konterte er umgehend mit einem Hubschrauber. Die Sache schraubte sich hoch, im wörtlichen Sinn, bis Christian schließlich einen Wochenend-Trainingskurs beim Modellhubschrauber-Weltmeister buchte. Er entschwebte modellflugmäßig in unerreichbare Höhen, auch weil ich nicht mehr bereit war, Tausende Euros für ein Hobby auszugeben, bei dem man ein steifes Genick bekommt und dauernd den Anblick schockierender Abstürze seelisch verkraften muss. Mittlerweile besitzt Christian sieben Hubschrauber in allen Formaten (von Hummel- bis Flugsauriergröße) und arbeitet an Kunstflugfiguren, bei denen der Heli auf dem Kopf stehend mit 100 Sachen über die Wiese rast. Das ist nicht mehr meine Welt.

Mit dem Laufen war es ähnlich. Als Christian und ich unseren ersten Marathon geschafft hatten, war ich so stolz und zufrieden, dass ich im Ziel hemmungslos heulte. Vielleicht lag das aber auch an den Schmerzen in den Waden und an den Blasen unter den großen Zehen, dennoch war mir klar, dass ich mit einer Zeit um die vier Stunden hochzufrieden sein konnte, und setzte mir nicht gleich höhere Ziele. Ganz im Gegensatz zu Christian. Der peilte als Nächstes den 100-Kilometer-Lauf von Biel an, einen legendären Ultramarathon, bei dem die Läufer um zehn Uhr abends starten und über Nacht kurvige Landstraßen entlanghecheln. Der beste Läufer, ein 41-jähriger Schweizer, brauchte im Jahr 2009 für die Strecke 6 Stunden und 59 Minuten. Christian brauchte wesentlich länger. Unterwegs hatte er Halluzinationen, Lähmungserscheinungen und Sinnkrisen, aber er kam immerhin ins Ziel – als Vorletzter. Es spricht für seinen unerschütterbaren Optimismus, dass er diese Quälerei als Erfolg verbuchte.

Eines Tages kam Christian mit seinem alten Mercedes angetuckert und verkündete, dass er jetzt zu seinem neuen Segelboot fahren und anschließend 35 Kilometer joggen würde, um für seinen nächsten Ultramarathon zu trainieren.

»Hast du Lust, mitzumachen?«, fragte er herausfordernd.

»Äh, geht leider nicht, ich muss dringend den Hasenstall ausmisten und dann noch Rasen mähen«, stammelte ich.

In Wirklichkeit schämte ich mich, dass ich keine Segelerfahrung hatte, geschweige denn Lust, mich bei einem Ultramarathon abzuquälen.

»So was Wichtiges geht natürlich vor, da will ich dich nicht abhalten. Dann noch viel Spaß«, sagte er mit selbstgefälligem Grinsen und brauste davon.

Nun reichte es mir. Dieser Christian hatte entschieden mehr jugendliche Attribute zu bieten als ich, obwohl ich zehn Jahre jünger war. Also beschloss ich, ihn ultimativ zu übertrumpfen. So schwer würde es schon nicht sein, seine Leistungen mit einer außergewöhnlichen Mutprobe zu toppen. Nun ja, wirklich nicht? Was gab es heutzutage schon noch Spektakuläres? Canyoning, Bungeejumping und Triathlon strich ich gleich von der Liste – das hatte Christian bereits alles hinter sich.

Als erster Mensch auf dem Mars? Zu teuer.

Mit dem Kühlschrank durch Irland trampen? Gab es schon.

Einen Marathon rückwärtsrennen? Selbst das war schon mal da gewesen.

Die Zeit ging ins Land, und mir fiel einfach nichts Spektakuläres ein. Während eines Urlaubs in Slowenien entdeckte ich zwar einen »Adrenalinski Park«, von dem ich mir einiges versprach, aber der entpuppte sich bei näherem Hinsehen als gewöhnlicher Klettergarten – es war niederschmetternd. Aber dann war es so weit: Nach gründlicher Recherche im Internet stieß ich auf etwas, mit dem ich Christian zwingen würde, mir vor lauter Respekt und Bewunderung die Füße zu küssen.

Ich konnte ja nicht ahnen, dass diese Mutprobe unseren Konkurrenzkampf nur weiter anheizen würde. Nein, ahnen nicht – ich hätte es wissen müssen.

LAUFEN UND SAUFEN
EXTREM-DEGUSTATION
BEIM GOURMETMARATHON

Das Leben ist voller Rätsel. Warum zum Beispiel existieren Stechmücken, die keinen anderen Zweck erfüllen als den, einen nachts in den Wahnsinn zu treiben? Wohin verschwinden bloß all die zweiten Socken, die man nach dem Waschen nicht mehr in der Trommel findet? Und wie konnte es passieren, dass eine komplett lächerliche »Band« wie Modern Talking 120 Millionen Platten verkauft?

Auf solche und ähnliche Fragen wird es nie Antworten geben. Eines aber steht fest, selbst für überzeugte Marathon-Fans: Es macht definitiv keinen Spaß, 42,2 Kilometer zu laufen. Alle, die behaupten, es bereite ihnen auch noch jenseits der 30-Kilometer-Marke eine Riesenfreude, sich schwitzend, keuchend und mit verhärteten Waden und schmerzenden Knien weiter über den Asphalt zu schleppen, sind Heuchler oder Dopingsünder oder wahrscheinlich beides.

Trotzdem stand ich nun auf einem Laufband bei einem Sportarzt, um mich für einen Marathonlauf durchchecken zu lassen. Mein Körper war per Kabel und Elektroden mit einem Computer verdrahtet. Im Fenster der Praxis spiegelte sich mein Gesicht, das ziemlich verzerrt wirkte – ob das am Fenster lag? Auch an meinem Ohr hing ein Kabel. Ich war ein schwitzendes Monster, und Dr. Frankenstein schaute gelassen auf die Kurven, die auf seinem Monitor aufflackerten.

»Laufen Sie einfach locker weiter, ich sage Ihnen dann rechtzeitig, wenn es schneller wird.«

Ich versuchte gelassen zu wirken, was gar nicht so einfach ist, wenn man mit nacktem Oberkörper auf der Stelle rennt und einem gerade eine hübsche Arzthelferin das Ohrläppchen angezapft hat, für die Laktatmessung.

Ich dachte, hoffentlich fragt der Arzt mich jetzt nicht, bei welchem Marathonlauf ich eigentlich antreten wolle. Der Doktor schaute kurz vom Monitor auf und fragte: »Bei welchem Marathonlauf wollen Sie eigentlich antreten?«

Offensichtlich diente die Apparatur also auch dazu, meine Gedankenströme zu überwachen. Auf dem Bildschirm konnte der Mann Wort für Wort lesen, was in meinem Kopf vorging. Na toll, dann hatte er wohl auch aufgezeichnet, was ich während des Laktat-Gefummels an meinem Ohr gedacht hatte …

»Es ist so ein Lauf in … keuch … Südfrankreich.« Das Laufband hatte gerade einen Gang hochgeschaltet, ich musste einen Zahn zulegen. Mein Puls lag jetzt bei 130, Tendenz stark ansteigend.

»Warum Südfrankreich?«, wollte Dr. Frankenstein wissen. Konnte er die Antwort etwa nicht auf seinem Bildschirm lesen?

»Ein … besonderer Marathon«, brachte ich heraus, »gibt's eben nur dort.«

Für mich war das Thema damit ausdiskutiert. Ich bin generell kein Freund großer Worte, erst recht nicht auf dem Laufband. Ein Bekannter behauptet sogar ernsthaft, ich sei der einzige Mensch weltweit, der mehr Worte schreibt als spricht – das ist natürlich eine üble Unterstellung. Und was ist mit Thomas Pynchon? Der gefeierte amerikanische Romanschriftsteller hat in 50 Jahren ungefähr ein Interview gegeben und trat genau dreimal als Gaststar in der Trickfilmserie »Die Simpsons« auf, jeweils für wenige Sekunden. Das war's, was er verbal zu bieten hatte. Geschrieben hat er dagegen ein Epos nach dem anderen.

Der Arzt ließ nicht locker. Ich sah ihn jetzt nicht mehr in einer Frankenstein-Neuverfilmung, sondern als CIA-Ermittler, der einen Verdächtigen an den Lügendetektor anschließt, während er ihm scheinbar unverfängliche Fragen stellt. »Und was ist denn das Besondere daran?«, fragte er als Nächstes und musterte mich misstrauisch.

»Es ist ein … Gourmetmarathon.« Ich hatte im Internet etwas über diesen besonderen Lauf in Cahors gelesen. Hauptziel des *Marathon du Cahors* war das Degustieren von Rotwein, Weißwein, Champagner, Gänseleber, Rohkäse und anderer Leckereien. Allerdings müssen die Teilnehmer dabei tatsächlich die Marathondistanz von 42,2 Kilometern zurücklegen – zu Fuß. Die Strecke führte von Prayssac entlang des Flüsschens Lot durch hügeliges Gelände an Weingütern vorbei bis nach Cahors (daher der Name). Man konnte in einem schönen Landhotel übernachten, und nach dem Lauf sollte es ein Gelage im gallischen Stil geben. Das klang genauso anstrengend wie angenehm – und vor allem konnte ich Christian mit meiner denkwürdigen Leistung demonstrieren, dass ein Marathon auch ein Fest für alle Sinne sein kann.

So ausführlich konnte ich das auf dem Laufband natürlich nicht schildern, weil mir dafür schlicht die Puste fehlte. Außerdem war ich hier einem Gedanken lesenden Frankenstein-CIA-Arzt ausgeliefert, und vor Ärzten hatte ich mich sowieso schon immer gefürchtet. Ich murmelte daher lediglich etwas von Wein-Degustation und gesunden Häppchen. Der Arzt schaute mich so entgeistert an, dass ich schon fürchtete, er würde mir die Gesundheitsbescheinigung verweigern, die ich für die Anmeldung in Frankreich brauchte.

»Heißt das, Sie trinken beim Laufen Wein?«, wollte er wissen.

»Nein, nur in den Pausen«, antwortete ich wahrheitsgemäß, was in diesem Moment keine gute Antwort war.

Den folgenden Vortrag über die Grenzen der Spaßkultur bekam ich nicht mehr so richtig mit, denn das Laufband raste nun wie zur Strafe mit Höchstgeschwindigkeit, und ich hatte genug damit zu tun, nicht nach hinten weggeschossen zu werden.

Die Werte waren in Ordnung, und der Arzt unterschrieb murrend den Wisch, allerdings nicht, ohne mir noch einen guten Rat mit auf den Weg zu geben: »Viel trinken!« Kunstpause. »Und zwar Wasser!«

Zwei Wochen später stand ich am Start in Südfrankreich, in Prayssac, einem Bauerndorf inmitten namhafter Weinanbaugebiete. Was sich dort um mich herum abspielte, hatte bizarre Züge. Vor mir grölte eine Gruppe von zehn Höhlenmenschen, einige schwangen Keulen über den Köpfen. Die Neandertalerweibchen trugen kurze Röcke mit Leopardenmuster, die Männer hatten sich Pelze um Hüften und Waden gewickelt. Ein Sträfling in schwarzweißer Kluft trug eine Fußfessel aus Plastik, deren anderes Ende an seinem Unterarm hing. Batman und Robin waren auch da, mit Cape und Maske. Clowns, Monster und Mönche trippelten auf der Stelle, um sich warm zu halten.

Ich selbst stand, leicht frierend, inmitten einer Horde gutgelaunter Franzosen, Belgier, Schweizer und Holländer. Etwa zwei Drittel von ihnen waren verkleidet. Eine Gruppe von Tambouren in gelben Umhängen und Federhüten auf dem Kopf haute fröhlich auf Pauken und Trommeln ein. Etwa 500 Menschen in Turnschuhen klatschten im Takt mit und sangen etwas, das übersetzt wohl »Jetzt geht's lo-hos, jetzt geht's lo-hos« hieß.

Die drei Katalanen, mit denen ich am Morgen vor dem Marathon in einem Café in Cahors gefrühstückt hatte, hielten sich an den Ratschlag, schon vor dem Start viel zu trinken. Sie hatten zur Einstimmung auf den Gourmetlauf jeweils ein Glas Rotwein vom Fass bestellt und es auf nüchternen Magen geleert. Jetzt, kurz vor dem Startschuss, nahmen sie auch noch hochprozentige Dopingmittel aus einem Flachmann zu sich.

Marathon und Genuss – wie passt das zusammen? Der erste Marathonläufer, der 490 vor Christus von Marathon nach Athen rannte, um die Nachricht von Miltiades' Sieg über die Perser zu überbringen, brach der Legende zufolge tot im Ziel zusammen. Wahrscheinlich lief er viel zu schnell und trank viel zu wenig. Um dieses historische Vergehen gegen die Sinnlichkeit symbolisch wiedergutzumachen, erfanden die Franzosen eine eigene Marathon-Kultur. Der »Marathon du Cahors et de la Gastronomie« ist nur einer von vielen Läufen, bei denen es mehr um Genuss als um Zeiten und Bestmarken geht. Der bekannteste Weinmarathon ist der »Marathon des Châteaux du Médoc«, bei dem jährlich Anfang September etwa 8000 Läufer antreten, ebenfalls größtenteils verkleidet. Das ist bei den französischen Spaß-Läufen so Mode, wie man mir stolz und ohne jeden Anflug von Ironie erklärte: Die Marathons sind eine Mischung aus Karneval, Sport und Saufgelage.

15 Minuten später als geplant detonierte dann ein Knaller auf dem Marktplatz von Prayssac, und es ging tatsächlich lo-hos. Gemächlich setzte sich die Menge in Bewegung. Wie schon erwähnt, spielt die benötigte Zeit bei diesem Marathon eine eher untergeordnete Rolle, was ihn auf den ersten Blick sympathisch erscheinen lässt. Eine Stunde nach dem Start fährt ein Bus die Strecke im Schneckentempo ab, um die Läufer einzusammeln, die das Ziel erst nach einigen Übernachtungen erreichen würden.

Ich begann bereits, mir das Abendessen auszumalen, als mir auffiel, dass es für einen Gourmetmarathon bislang ziemlich trocken zuging.

»Hier, trink was!«, rief mir ein Typ mit Zöpfen zu. Er reichte mir eine Flasche mit »Zaubertrank«, der sich als isotonisches Getränk herausstellte. Es war Obelix.

Er hatte einen ausgestopften Bauch, eine blauweiß gestreifte Jogginghose und einen Hinkelstein aus Pappmaché auf dem Rücken. Bei Kilometer 2 traf ich den Rest der unbeugsamen Gallier: Asterix mit Flügelhelm und Schwert, Miraculix, Majestix, Troubadix und Automatix. Bloß Idefix, der kleine weiße Hund, war nicht ganz überzeugend verkleidet – das Tier war eindeutig als Dalmatiner zu erkennen.

Eine alte Bäuerin auf einem Moped, die uns unterwegs begegnete, schien ihren Augen nicht zu trauen. Sie tippte sich mit dem Zeigefinger an die Stirn und murmelte etwas, das wahrscheinlich ›Die spinnen, die Gallier!‹ hieß. Ganz unrecht hatte sie nicht.

Nach drei Kilometern hoppelte ein sexy Hase an mir vorbei. Das Tier trug Plüschohren, Netzstrümpfe und ein weißes Puschelschwänzchen. Meine vorgezogene Zwischenbilanz fiel geradezu euphorisch aus. So etwas hatte Christian garantiert noch nicht erlebt.

Dann kam bei Kilometer 5 unsere erste Tankstelle in Sicht. Das Château la Coustarelle liegt kurz hinter Prayssac inmitten von Weinbergen und wird im Gourmetführer Guide Gault Millau für seine Rotweine gelobt. Das Anwesen konnte man unmöglich ignorieren, selbst wenn man dies aus Zeitgründen gerne getan hätte – die Strecke führte nämlich direkt durch den Weinkeller.

Das Feld war noch dicht gedrängt, in der Gasse zwischen den Eichenfässern wurde es eng. Auf langen Tafeln standen frisches Bauernbrot mit Leberpastete bereit, außerdem Honigkuchen und Dörrobst. Ein zweites Frühstück konnte nicht schaden, sagte ich mir, schließlich waren es noch 37 Kilometer bis zum Ziel. Für die Weinprobe brauchte ich eine Grundlage, denn der 1996er Jahrgang dieses Weinguts sollte besonders delikat sein.

Das Weiterlaufen nach dem Imbiss erwies sich als relativ spaßbefreit, auch wenn es durch eine malerische Landschaft ging. Die Sonne hatte den Nebel mittlerweile vertrieben. Die Strecke führte oberhalb des Flusses auf einer Straße an goldenen Kornfeldern und Weinbergen entlang. Es roch nach feuchtem Laub und Flusswasser. Viele Läufer schienen sich noch länger im Château la Coustarelle aufgehalten zu haben, denn ich war mittlerweile fast allein unterwegs. Aber nur fast.

»Hopp, hopp, hopp, wir laufen ja tipptopp«, ertönte es hinter mir. Vier Läufer hatten noch genug Luft, um ein fröhliches Liedchen anzustimmen, zu allem Überfluss auch noch auf Deutsch. »Wir rennen schnell ins Ziel, denn der Suppe fehlt noch viel.« Die etwa 40-jährigen Männer trugen Kochmützen, weiße Maggi-T-Shirts, Schürzen und kurze Hosen. Jeder hielt eine Stange Lauch in der Hand. Entgegenkommende Autofahrer glaubten wahrscheinlich zu halluzinieren.

Irgendwann überholte ich einen etwa 80-jährigen

Mann, der mit gekrümmtem Buckel und lächelndem Gesicht auf Albas, die nächste Etappe am Ufer des Lot, zustrebte. »Mein zweiundneunzigster Marathon«, keuchte er stolz und stieß zwischen zwei lokomotivartigen Schnaufern die Absichtsbekundung hervor, die Hundert noch vollzumachen. Angeber! Andererseits war dieser Mann der lebende Beweis dafür, dass Wein als Laufbenzin nicht so schädlich sein konnte.

Mühsam schleppte sich der Alte den Hügel nach Rivière Haute hoch, wo das Château Eugénie mit drei erlesenen Rotweinen als Belohnung für die Mühsal lockte. Auch die Gallier wirkten nun etwas ermattet, offenbar hatten sie an den ersten Stationen zu ausgiebig zugeschlagen. Troubadix' Laufstil war nun eher ein Torkelstil, Miraculix schwitzte unter seinem angeklebten Bart wie ein verängstigter Römer, nur Obelix, der bekanntlich als Kind in einen Topf mit Zaubertrank gefallen war, schleppte ungerührt seinen Hinkelstein.

»Ganz viele Römer! Da hinten!«, rief ich den Galliern zu, um sie aufzumuntern, aber offenbar ging der Zaubertrank zur Neige.

Die Strecke machte nun einige Schlenker durch die Gassen von Rivière Haute, ich folgte den blauen Pfeilen auf dem Asphalt bis zum Château Eugénie. Genauer gesagt, in den Keller des Weinguts. Dort standen drei Meter hohe Fässer. Es roch nach nassem Kork. Die Läufer wankten erschöpft an den Tresen, wo sie ein Winzer begrüßte, den es gleich zweimal gab.

»Bonjour, Bonjour«, sagten die beiden Winzerversionen. Zwei rötliche Knollennasen, zwei Schnauzbärte, zwei Jeansjacken. Sah ich tatsächlich doppelt?

»Bonjour, bonjour«, murmelte ich unsicher zurück, wusste aber nicht, in welches der beiden identischen Gesichter ich schauen sollte. So viel hatte ich doch noch gar nicht getankt.

Der Zweifel schwand, als sich die beiden Männer, originalgetreue Verkörperungen des Weinhändlers Alkoholix in »Asterix und der Avernerschild«, als die Gebrüder Jean und Claude Couture vorstellten. Jeder schenkte einen Becher voll Roten ein.

»Beide für mich?«, fragte ich.

»Gerne, mein Herr, wenn Sie wollen«, sagte Jean freundlich.

»Gerne, mein Herr, wenn Sie wollen«, ergänzte sein Bruder Claude.

Die Zwillinge Jean-Claude schmierten simultan Butter auf Brote, hobelten simultan schwarze Trüffel darüber und reichten die köstlich duftenden Butterbrote simultan den Läufern. Ich fragte mich, ob sie in ihrem Leben alles simultan machten und vielleicht auch Simultan-Frauen geheiratet haben, aber ehe ich vor allem den letzten Gedanken vertiefen konnte, musste ich weiter.

Hinter der 20-Kilometer-Marke waren die vier Köche mit ihren Lauchstangen immer noch gleichauf mit mir. »Ihr müsst bis zum Mittagessen ankommen!«, riefen die Zuschauer am Straßenrand in ihrer Muttersprache. »Allez, allez!« Das war allerdings kaum noch zu schaffen. Es war bereits halb eins, und wir hatten erst knapp die halbe Distanz geschafft.

Bei meinen Wettbewerbern waren nun deutliche Ausfallerscheinungen zu beobachten. Nur ein rennendes OP-Team blieb lange konsequent. Der Chefarzt war noch zweieinhalb Stunden nach dem Start mit Mundschutz, Haube, Handschuhen und Klinik-Umhang bekleidet. Die Krankenschwestern an seiner Seite hatten es auch nicht besser in ihren dicken weißen Kitteln. In meiner elastischen kurzen Hose und dem schweißdurchlässigen Trikot fühlte ich mich fast wie ein Drückeberger. Schuldbewusst joggte ich weiter.

Am topographischen Höhepunkt, bei Kilometer 35, fing es in meinen Ohren an zu trommeln und zu pfeifen. O Gott – das Herz? Das Hirn? Augenblicklich sandte ich ein Stoßgebet zum Himmel, das Team mit dem Chefarzt und den schönen Schwestern möge mich bald einholen. Doch die Geräusche stammten zum Glück nicht von meinem Körper, sondern von einer Band am Straßenrand, die den Läufern Mut machen wollte. Die Stelle war gut gewählt: Anschließend ging es nämlich nur noch bergab.

Was waren schon die restlichen sieben Kilometer? Ein Klacks, kalorienmäßig gesehen ein Häufchen Mousse au Chocolat.

Allerdings bekam ich langsam richtig Hunger. Es wurde Zeit, dass ich ankam. Vermutlich hatten vor mir schon Hunderte Läufer das Ziel in Cahors erreicht und von den vorbereiteten Leckereien nur noch Reste übrig gelassen. Deshalb: Schneller! Schneller!

Ein paar Kilometer vor dem Ziel beschlich mich das Gefühl, dass meine Füße inzwischen so weich und flüssig waren wie alter Camembert. Vermutlich rochen sie auch so. Aber aufgeben? Niemals! Das wäre ja, als würde man bei einem Festmahl aufs Dessert verzichten.

Endlich kam das Ziel in Sicht, ein aufblasbarer Plastik-Torbogen mit dem Schriftzug »Arrivée«.

»Titüs Arnü dö Ebbenausen oh Allemanje«, schepperte die Stimme des Sprechers, der mit einem Mikro am Zieleinlauf stand und jedem einzelnen Finisher per Handschlag gratulierte, aus dem Lautsprecher. Ich war dann doch etwas gerührt und konnte die Tränen nicht zurückhalten. Das musste wohl so sein. Es war ja schließlich ein Wein-Marathon.

Beseelt vom Rotwein der Region, durch die ich heldenhaft gerannt war, kehrte ich nach Hause zurück. Stolz präsentierte ich meiner Familie die Medaille: Eine Metallplakette in Form eines Weinglases. So richtig begeistert war davon allerdings niemand. Überhaupt ließ die Anerkennung für meine Gourmet-Großtat eher zu wünschen übrig.

»Wie kann man nur so bekloppt sein, für ein paar Schlückchen Wein 42 Kilometer durch die Gegend zu rennen?«, fragte Anna, meine Frau in ihrer ebenso einfühlsamen wie pragmatischen Art. »Den gleichen Wein hättest du doch auch hier im Supermarkt kaufen können. Das wäre näher gewesen. Einfacher. Nicht so anstrengend.«

»Einfacher. Näher. Darum geht es doch nicht …«, konterte ich, versuchte aber erst gar nicht auszuformulieren, worum es stattdessen ging. In dem Punkt war ich mir selbst ein wenig unsicher.

Christian würde mich vielleicht verstehen. Mehr noch, ich hoffte, dass er mich bewundern würde, denn das war doch schließlich der Hauptzweck der Übung. Wir verabredeten uns zu einem Lauf, bei dem ich genüsslich von meinen Erlebnissen in Südfrankreich erzählen wollte.

Meine Gespräche mit Christian hatten immer einen seltsamen Unterton. Auch hatten sie einige Zwischentöne und viele Atempausen. Das lag daran, dass wir uns beim Laufen immer am besten unterhalten konnten. Ein Lauftrainer hatte ihm empfohlen, immer genau so schnell zu joggen, dass er noch einen halbwegs sinnvollen und akustisch verständlichen Satz sprechen konnte, ohne wegen Sauerstoffmangels zu kollabieren. Es hörte sich trotzdem manchmal etwas gezwungen an.

»Die Laufschuhe sind jetzt opti – chchch – mal«, stieß er hervor, »nicht zu klein, nicht zu groß und außerdem noch – pfffff – wasserdicht.«

»Hmhm«, antwortete ich, für meine Verhältnisse eine recht ausgefeilte Bemerkung. Nicht besonders geistreich, aber kraftschonend.

»Obwohl das bei meinem letzten Lauf – hhhhhhmpf – keine besonders große Rolle gespielt hat«, fuhr Christian unverdrossen fort, »da gab es unterwegs ja nicht besonders viel – whhhhhrsgs – Wasser. Pff.«

Hatte er seinen Ultramarathon, für den er sich so wichtigtuerisch vorbereitet hatte, etwa schon hinter sich? Und wieso redete er was von wenig Wasser? Ich hatte Christian schon seit zwei Wochen nicht mehr gesehen und wusste deshalb nicht, was er in der Zwischenzeit so getrieben hatte.

»Ach, was für ein – ffffffff – Lauf denn?«, fragte ich, bemüht, nicht argwöhnisch zu klingen. Aber da wir gerade einen Waldweg bergauf rannten und meine Puste langsam knapp wurde, hörte es sich wahrscheinlich an, als wäre ich am Überschnappen. Dabei war ich nur am Luftschnappen.

»Ich habe doch beim Marathon des Sables mitgemacht«, erzählte Christian in geradezu beiläufigem Ton, diesmal sogar ganz ohne Atempause.

Ich blieb stehen, schüttelte die Wadenmuskeln aus und gleichzeitig heftig den Kopf. »Du meinst aber nicht *den* Marathon des Sables?«

Erst vor wenigen Monaten hatten wir unseren ersten Marathon geschafft, soeben hatte ich einen Gourmetmarathon überstanden, und nun übersprang Christian gleich mehrere Leistungsstufen! Das war ungefähr das Gleiche, als würde jemand, der gerade seine Führerscheinprüfung bestanden hatte, in der Formel 1 mitfahren.

Der Marathon des Sables ist ein 230 Kilometer langer Ultramarathon durch die Sahara. Die Teilnehmer rennen und stolpern sechs Tage lang bei 40 Grad Hitze durch den Sand und müssen dabei selbst ihre Rucksäcke tragen, vollgepackt mit Müsliriegeln und Wasser. Einmal verirrte sich ein italienischer Läufer bei dieser Veranstaltung in einem Sandsturm und wurde neun Tage später von Nomaden aufgefunden – um 15 Kilo abgemagert und 200 Kilometer vom Kurs entfernt irgendwo in Algerien.

Christian war hochmotiviert nach Marokko geflogen, wie er mir nun stolz erzählte; die Sorgen von Silke, seiner Frau, er könne möglicherweise entführt werden oder dehydriert hinter einer Düne liegen bleiben, hatte er einfach ignoriert. Außerdem, so überzeugte er sie, würde der Tross der Läufer von Militärfahrzeugen und Polizeihubschraubern begleitet, was sicher sehr beruhigend klang. Von den Schmerzen am Knie, die ihn schon vor dem Start plagten, hatte er Silke nichts verraten.

Unterwegs fixierten ihm erfahrene Läufer die Kniescheibe mit Klebeband, und er lief weitgehend schmerzfrei durch den Sand. Ein Picknick kann es trotzdem nicht gewesen sein. Manche Einheimische müssen beim Blick in die gequälten Gesichter der Teilnehmer geglaubt haben, die Ultra-Marathonläufer seien Schwerverbrecher, dazu verurteilt, für immer durch die Sahara zu rennen. Auf die Idee, dass jemand freiwillig Hunderte Euro für den »Spaß« bezahlt, kamen sie wohl im Leben nicht. Christian erreichte tatsächlich das Ziel – eher schleichend als rennend, aber er hatte sich wieder mal einen Jugendtraum erfüllt.

Nun war es nie mein Traum gewesen, mit einem Rucksack voller Wasser durch die Wüste zu rennen, abends meine blutigen Füße und den Sonnenbrand einzubalsamieren und die ungemütlichen Nächte mit anderen stinkenden Irren im Zelt verbringen zu müssen. Aber wie konnte ich gegen Christian punkten, ohne solche Torturen auszustehen? Mit dem Gourmetmarathon jedenfalls nicht, so viel war klar. Also beschloss ich, ihm diesen Lauf zu verschweigen und mir Hohn und Spott zu ersparen, indem ich mich mit diesem kulinarischen Jogging-urlaub rühmte.

Zu allem Unglück erzählte mir Christian nun auch noch, dass er sich in der Zwischenzeit einen Marathon-Reiseführer besorgt hatte, und schwärmte mir von zukünftigen Laufprojekten vor, die er bald angehen wollte. »New York, Berlin – oder was hältst du von Rom?«, fragte er mich ernsthaft. »Oder wie wäre es mit dem Mount-Eve-rest-Marathon? Es gibt sogar einen Antarktis-Marathon.«

»Ja, oder einen Marathon auf dem Mond. Oder einen Nacktmarathon vielleicht?« Mir reichte es langsam. Warum musste Christian immer alles auf die Spitze treiben?

»Nackt? Auf keinen Fall«, meinte er entrüstet. »Übrigens hat Silke auch schon gemeint, ich würde es mit dem Laufen ein bisschen übertreiben. Ich soll lieber mal meinen Oberkörper trainieren, der werde immer schlaffer. Frechheit, oder?« Er schaute an sich hinunter, und ja, ehrlich gesagt, ein Waschbrettbauch war das wirklich nicht.

»Willst du jetzt in die Muckibude gehen?«, fragte ich. »Oder vielleicht auch noch mit einem Kampfsport anfangen? Oder Yoga?«

»Ich hasse Yoga. Fast so sehr wie Nacktjoggen«, antwortete Christian.

Da wusste ich, was ich zu tun hatte.

BAUMELN LASSEN
ALLEIN UNTER SCHWITZENDEN MÄNNERN

Zu Waschbrettern hatte ich nie eine besondere Beziehung gehabt. Soviel ich wusste, existierten neuerdings Waschmaschinen, und in zivilisierten Ländern gab es kaum noch Leute, die ihre Klamotten auf diesen Rubbelunterlagen sauber walken mussten.

Deshalb erschien es mir schon immer äußerst rätselhaft, dass Frauen ausgerechnet beim Thema Waschbrett so begeistert sind. Wenn das Stichwort »Wasch …« fällt, sind Frauen normalerweise bereit, eine anstrengende Diskussion über Rollenverteilung und Haushaltspflichten zu führen, bei der mit Sicherheit der Satz »Und wer macht die Wäsche?« fällt. Umso erstaunlicher, dass neun von zehn Frauen in Umfragen regelmäßig angeben, ein Waschbrett erotisch zu finden – vorausgesetzt allerdings, es ist Teil eines männlichen Körpers.

Die wenigen Waschbrettträger, die ich persönlich kannte, waren mir allesamt höchst suspekt. Da gab es zum Beispiel Manfred, den Trainer im Fitnessstudio, das ich einen Winter lang frequentiert hatte. Er besaß zwei Dinge, auf die er extrem stolz war: ein Foto, auf dem er zusammen mit Arnold Schwarzenegger zu sehen war, und eben jenen Waschbrettbauch. Beide Errungenschaften pflegte und verehrte er tagtäglich in geradezu religiöser Manier. Aber was sollte man von Männern halten, die, obwohl nachweislich heterosexuell veranlagt und in keiner Ballettgruppe zugange, freiwillig türkisfarbene Leggings und Stulpen trugen? Zudem malträtierte Manfred mich mit seinem Bauch-Beine-Po-Programm mit dermaßen spießiger Ernsthaftigkeit, dass ich beschloss, aus Protest meinen Vertrag mit dem Fitnessstudio zu kündigen.

Auch alle übrigen Waschbrettbauchtypen, die mir über den Weg gelaufen waren, schienen mehr Energie auf die Ausbildung ihrer Muskeln zu verwenden als auf ihre Mitmenschen. Freunde fürs Leben stellt man sich anders vor. Auf der anderen Seite sind muskuläre Höchstleistungen Garant für allseitige Bewunderung. Entsprechend machen Männer mit Muskeln die bekloppptesten Dinge, um die verdiente Aufmerksamkeit zu erheischen. Das *Guinness-Buch der Rekorde* ist voll von Heldentaten irrer Bizepsfetischisten: »Die meisten in einer Minute mit der Hand zertrümmerten Kokosnüsse«, »Die meisten in einer Minute geworfenen Haushaltsgeräte«, »Das größte mit den Ohren gezogene Gewicht«. Letztere Auszeichnung hielt übrigens ein Asiate inne, der einen mit seinen Ohren vertäuten Bus gut sechs Meter weit abschleppte. Ich schaute nach, ob er anschließend auch einen Rekord für die längsten Ohrläppchen der Welt gewonnen hatte, aber dem war nicht so. Dafür hatte es ein Amerikaner geschafft, dank seines Waschbrettbauchs acht Fahrzeuge mit einem Gesamtgewicht von 32 658 Kilogramm über seinen Bauch fahren zu lassen.

So etwas lehnte ich grundsätzlich ab. Ich wollte mich ja nicht zum Horst machen. Außerdem hatte ich weder einen Waschbrettbauch noch Ohren wie Drahtseile. Nein, ich war 42 und mit meiner Oberkörpersituation unzufrieden. Vor allem aber steckte ich mitten in einem inoffiziellen, sehr wichtigen Wettkampf. Nach Christians Bemerkung über seine schlaffe obere Hälfte hatte ich sofort angefangen, jeden Abend 120 Liegestützen und 80 Sit-ups zu absolvieren. Natürlich stählte er Brust und Bauch schon bald mit einem Expander.

Als wir uns vor dem nächsten Zehn-Kilometer-Lauf in meinem Arbeitszimmer umzogen, wo meine Hanteln neben dem Schreibtisch am Boden lagen, präsentierte Christian seinen Bauch und fragte mich: »Sieh mal genau hin. Zeichnet sich da nicht schon ein Sixpack ab?«

Von wegen, dachte ich: Wenn das ein Sixpack ist, dann habe ich ein Eightpack! Ganz offensichtlich waren wir beide noch zahlreiche masochistische Trainingseinheiten vom Ziel Waschbrettbauch entfernt.

»Hast du es schon mal mit Ruder-Crunches probiert?«, fragte ich, nur um Christian zu verunsichern. »Das geht so: Auf eine Bank setzen, im 45-Grad-Winkel zurücklehnen. Knie leicht anwinkeln, zwischen den Füßen eine Ein-Kilo-Kurzhantel eingeklemmt. Die Knie im 90-Grad-Winkel in Richtung Brust ziehen, kurz halten und wieder senken. Das zieht brutal, aber es wirkt.«

Christian war platt. Dabei hatte ich diesen Quatsch nur in einem Fitnessmagazin gelesen, aber noch nie selbst ausprobiert. Gleich am nächsten Tag kaufte er sich einen elektrischen Bauchmuskeltrainer, um den Weg zum Sixpack abzukürzen. Das Ding sah aus wie ein Nierengurt, den man zum Motorradfahren anzieht. Der Gurt vibrierte, dass es eine Freude war, sollte aber wohl weniger zur sexuellen Stimulation dienen als dazu, das Hüftfett wegzuschmelzen und die darunter liegenden Muskeln zum Vorschein zu bringen. Das sah witzig aus, funktionierte aber natürlich nicht.

Meine Versuche, mit Kurzhanteln, Klimmzügen und Sit-ups zum Mini-Schwarzenegger zu werden, waren allerdings auch nicht wirklich von Erfolg gekrönt. Also beschloss ich, mich dem Projekt Waschbrettbauch ganzheitlich zu nähern – und checkte bei einem ganz speziellen Yogakurs ein.

Wenn ich den Artikel einer berühmten Frauenzeitung über das Nacktyoga richtig verstanden hatte, wuchsen einem die Muskeln während dieser Körperbetätigung praktisch von alleine, wenn man nur fest genug daran glaubte. Alles, was ich tun musste, war meditieren, also mit offenen Augen schlafen. So ungefähr stand es jedenfalls in dem Heft. Das klang recht angenehm. Obwohl mir Yogatypen immer ähnlich suspekt waren wie Waschbrettbauchtypen.

Yoga wird mittlerweile fast überall praktiziert: auf dem Pferderücken, auf einsamen Gipfeln und mit dem Snowboard an den Füßen. Im Fachhandel können Yogafans Yogamatten, Yogakissen, »Kopfstandhocker«, Yogiteeflaschen, »Nackenhörnchen« und Yogakleidung kaufen. Nackenhörnchen würde ich zumindest nicht brauchen, schließlich ging es um meinen Bauch und nicht um den Nacken.

Die Nacktturner trafen sich einmal die Woche in einem Yogastudio in Berlin. Vorab hatte ich mich vorsichtshalber über die Yogajungs informiert. Sexuelle Erfahrungen, so hieß es, waren nicht das Ziel des Nacktyoga, stattdessen sollte die FKK-Variante des besinnlichen Bodenturnens »das Herz öffnen« und die Ziele des Yoga »freier und sinnlicher erreichen«, wie es in einer Broschüre hieß.

Das traditionelle Yoga, das man normalerweise alleine zu Hause oder irgendwo in der Natur ausübt, sollte ultraorthodoxen Yoga-Anhängern zufolge ebenfalls am besten nur leicht bekleidet oder noch besser gänzlich entblößt vollführt werden.

Der Eingangsbereich zum Studio, das in Kreuzberg in einer Straße mit Gemüseständen, Import-Export-Läden und türkischen Imbissbuden lag, sah aus wie das Foyer eines chinesischen Restaurants: Buddhastatuen, Zimmerspringbrunnen, Bonsai-Bäume, Bambusmöbel. Ich fragte mich, ob ich hier auch C12 bestellen konnte und ob ich verpflichtet war, mit Stäbchen zu essen, bis mir auffiel, dass da keine Speisekarte auslag, sondern ein Wochenprogramm. Auf den Stühlen im Vorraum saßen schon drei, vier Männer, allerdings noch angezogen.

»Hallo, Tim!« – Schmatz. Zur Begrüßung umarmten sich die Teilnehmer des Kurses, einige nannten sich beim Vornamen und küssten sich auf die Wangen. Die Männer waren zwischen 35 und 55 Jahre alt und kannten sich offensichtlich recht gut. Zu mir waren sie höflich, aber küssen und umarmen wollte mich glücklicherweise vorerst keiner. Im gemeinschaftlichen Umkleideraum beäugten sie mich interessiert, aber nicht unfreundlich.

Ich zog also meine Jacke, meine Schuhe, meine Jeans und mein Hemd aus, wurde jedoch netterweise noch rechtzeitig darüber aufgeklärt, dass wir uns nicht gleich komplett nackig machten. T-Shirt und Unterhose blieben erst mal an. Gesprächsfetzen wie: »Na, was machen die Bandscheiben?« oder »Wie war der Strandurlaub?« verrieten mir, dass die Teilnehmer innig genug miteinander verbunden waren, um gegenseitig über Muskelzerrungen, Rückenprobleme und Reisepläne Bescheid zu wissen.

Ein glatzköpfiger, nett lächelnder älterer Herr, der gewisse phänotypische Ähnlichkeiten mit der Buddhafigur am Eingang zum Yogastudio aufwies, erzählte munter von einem Urlaub in Spanien (aufregend), von einem Zug (verpasst), vom Heimflug (auch verpasst) und von der Handtasche seiner Frau (geklaut). Daraus zog ich die beruhigende Erkenntnis, dass Homosexualität nicht zu den Grundvoraussetzungen für Nacktyoga zählte. Inzwischen habe ich gehört, dass es in New York schon einige gemischtgeschlechtliche Nacktyoga-Kurse geben soll, allerdings mit der ziemlich enttäuschenden Frauenquote von 1 zu 10.

In meinem Kurs lag die Quote leider bei null. Zum Glück nahm mir Jörg, der Kursleiter, in einem Vorabgespräch unter vier Augen die Berührungsängste. Ja, man kann auch als Yoga-Anfänger mitmachen. Nein, man muss keine eigene Matte mitbringen. Und jeder darf einfach so gut und so viel mitmachen, wie er kann und will. Anfänger werden ermuntert: »Entdecke dich! Verwöhne dich!«

Jörg war Anfang 30, athletisch gebaut, hatte den von mir angestrebten Waschbrettbauch und eine weiche, warme Stimme. Er schien mir vertrauenswürdig, und ich stellte ihm deshalb gleich ein paar heikle Fragen.

Was ist zum Beispiel, wenn man beim Verrenken aus Versehen unschöne Körpergeräusche loswird? Das führt vielleicht zu überraschenden Entdeckungen, senkt den Verwöhnungsgrad aber doch rapide, dachte ich und konfrontierte Jörg mit dieser Vorstellung.

»Kein Problem«, beruhigte Jörg, »das passiert jedem mal«, und empfahl, ein paar Stunden vor der Yogastunde nichts Schweres mehr zu essen. Sicherheitshalber hatte ich den ganzen Nachmittag ohnehin nur stilles Wasser und Tee getrunken.

»Und« – diese Frage war mir besonders peinlich – »was, wenn man beim Entdecken und Verwöhnen aus Versehen eine Erektion bekommt?«

»Auch kein Problem«, sagte Jörg, »das gehört zum Mannsein dazu. Außerdem: Was soll's? Wir sind doch unter uns.« Anschließend erklärte er mir, dass die meisten Übungen ohnehin zu anstrengend für so was wären, »denn das Blut fließt beim Yoga vorzugsweise in andere Körperregionen«. Als wichtigste Voraussetzung nannte er dann noch »ein eigenes Handtuch«. Gut, das hörte sich machbar an.

Zusammen mit acht Männern saß ich wenig später mit

geschlossenen Augen auf Gummimatten. Der Raum war schummrig beleuchtet, in den Ecken standen rosafarbene Salzstein-Leuchten. Es war schwülwarm, so dass einem schon beim Stillsitzen der Schweiß auf die Stirn trat. Oder lag es an meiner Nervosität? Schließlich war ich noch nie zuvor in einem Yogaseminar gewesen. Ich stellte mir im Stillen einige Fragen: Werde ich meine Beine in Brezelform biegen können? Falls es mir gelingt, wie kriege ich dann den Knoten wieder aus meinem Körper? Und was meint der Kursleiter bloß mit »Samsara haalaahala«?

In dem Seminar wurde Ashtanga-Yoga praktiziert, der sportlichste Stil der fernöstlichen Bewegungslehre. »Du wirst zwei Tage lang Muskelkater haben«, hatte mir der Ober-Guru mit bedeutsamem Lächeln prophezeit. Jörgs angenehm ruhige Art verbreitete eine vage Hoffnung bei mir, dass extreme Verrenkungen keine schweren körperlichen und geistigen Schäden nach sich ziehen müssen. Also nannte ich Jörg innerlich ehrfurchtsvoll Meister Yoga und glaubte ihm alles, was er sagte, selbst wenn er »haalaahala« sang und offenbar immer nach dieser Samsara rief.

Beim Murmeln des Mantras waren alle noch halbwegs angezogen. Mein Gegenüber hatte eine weiße Unterhose und ein T-Shirt an, seine Füße zierten schwarze Schläppchen. Der Typ rechts neben mir trug nichts außer einer Nickelbrille und einem ungewöhnlichen Unterhosenmodell – das Ding bestand aus schwarzen Bändern und einem Stofflappen, der vorne fast nichts bedeckte und hinten alles frei ließ. Eigentlich hätte ich das alles nicht sehen sollen, denn beim Singen des Mantras sollten wir möglichst die Augen geschlossen halten. Anfänger wie ich dürfen aber gerne auf das Blatt mit dem Text linsen. Denn bis man die spartanischen Verse auswendig und dabei auch noch tief ein- und ausatmen kann, dauert es wahrscheinlich ein paar Jahre: »Om – vande gurunam charanara vinde sandara chita svatma sukhava …« Das Mantra erzählte, wie Meister Yoga uns erklärte, von Lotosfüßen, von einem Muschelhorn, einem Feuerrad und einem »Schwert als Unterscheidungskraft zwischen Realität und Illusion«.

Während ich noch über das Schwert, die nackte Realität und meine ganz speziellen Illusionen nachdachte, zogen sich alle Mann aus, verstauten ihre Unterhosen am Kopfende der Matte und hockten sich im Schneidersitz hin. Die Profis, also Meister Yoga-Jörg und sein bester Schüler, schafften sogar den Lotossitz. Eigentlich sollte man sich auf die Atmung konzentrieren, wie Jörg mit weicher Stimme mahnte, aber ich konnte nicht anders und blinzelte neugierig in den Raum. Die Teilnehmer des Kurses trugen jetzt tatsächlich nichts mehr am Leib außer ihrer Körperbehaarung – wenn überhaupt: Manche der in sich versunkenen Teilnehmer waren am kompletten Leib

kahl. Eine Matte, so schien es, brauchte man beim Nacktyoga vor allem unter sich, nicht auf dem Kopf. Ich sah
gepiercte Brustwarzen, rasierte Bäuche, eingeölte Brust-
körbe und silberne Ringe, die an Hoden hingen. War das
die Realität oder schon Illusion? Ich nahm mir vor, mich
doch lieber voll auf die korrekte Bauchatmung zu konzentrieren, und schloss schleunigst wieder die Augen.

Nach eingehenden Atemübungen begannen wir mit
dem »Sonnengruß« – einer fließenden Kombination
aus einer Art Verbeugung, einer Art Liegestütze und einer Art umgekehrtem Katzenbuckel. Die größte Herausforderung bestand nicht nur für mich darin, die Liegestütze so bodennah wie möglich auszuführen, ohne mit
dem empfindlichsten Körperteil über die Gummimatte
zu schleifen. Nicht allen gelang das. Zum Glück waren
die Matten abwaschbar.

Nach wenigen Übungen schwitzten alle wie in einer
finnischen Sauna. Meine Hände und Füße rutschten auf
der Matte. Ich war froh, dass ich mein Handtuch hatte,
das ich unter mir ausbreiten konnte und das sich in kür-
zester Zeit vollsaugte – immer noch besser, als auf einer
schweißnassen Gummimatte dahinzugleiten.

Bei der anschließenden Übung sollten alle eine Grät-
sche machen, dann den Kopf nach unten zwischen die
Beine hängen lassen und die Handfläche in Richtung Boden strecken. Ich schaute nach hinten und sah nackte ge-

spreizte Männerbeine, nackte Männerfüße, nackte rote Männerhinterköpfe. Kein schöner Anblick. Andererseits blickte ich noch lieber auf glänzende Hinterköpfe als auf das, was sich durch die ungewohnte Haltung direkt dahinter versteckte – verschwitztes Gehänge.

Das war einer dieser Momente, in denen ich neben mir stand und mich als Figur in einem Film sah. Wie meistens handelte es sich um eine bizarre Komödie über Männer im mittleren Alter mit mittelguter Fitness und mittelgroßem Selbstbewusstsein. Was tat ich hier eigentlich? Stand nackt mit gespreizten Beinen in einem überhitzten Turnstudio, in Reih und Glied mit anderen nackten Herren. Wenn mich jetzt meine Mutter sehen würde!, dachte ich. Oder meine Tochter! Was würde mein Kumpel Christian sagen, wenn er zufällig zur Tür hereinkäme? Werde ich vielleicht heimlich gefilmt und später mit den Aufnahmen erpresst? Bin ich bald in einem You-Tube-Filmchen zu sehen und werde weltweit hunderttausendmal pro Stunde angeklickt?

Womit nicht zu rechnen war: Nach und nach vergaß ich, dass ich nackt war, und konzentrierte mich nur noch auf die Bewegungen. Die Koordination war für einen Anfänger nicht so einfach, ich verwechselte rechts und links, hinten und vorne, oben und unten. Wie ging noch mal der »herabschauende Hund«? Und was mache ich doch gleich bei der Baum-Stellung mit den Armen?

Für die Anhänger der kleidungsfreien Entspannung ist Nacktyoga noch spiritueller als bekleidetes Yoga und hat etwas mit dem »Sich-Annehmen« zu tun. Gemeint ist damit auch die Unvollkommenheit des eigenen Körpers samt Falten, Runzeln und überflüssigen Kilos. Diese Yogaform, dämmerte mir allmählich, ist also eher das Gegenteil eines Schönheitswettbewerbs.

Das Begrüßungsritual, das wir am Anfang der Stunde gesungen hatten, beschwor unter anderem das »Glücksgefühl der Selbsterkenntnis«. Das stellte sich nach eineinhalb Stunden Schwitzen und Verbiegen tatsächlich ein. Die Problemzonen an der Hüfte waren mir irgendwann vollkommen egal, denn längst war mein ganzer Körper eine einzige Problemzone. Das störte mich aber nicht besonders, denn den anderen schien es genauso zu gehen. Sobald man nackt ist, wird man nachsichtiger, gnädiger – sich selbst wie anderen gegenüber. Brillenträger können sich beim Nacktyoga zusätzlich einen Vorteil dadurch verschaffen, dass sie die Brille absetzen: Fortan sieht man sich und die anderen wunderbar weich gezeichnet. Das macht die Sache erträglicher.

Meister Jörg rief nun zum Vrikshasana auf, einer Übung, bei der es vor allem auf das Gleichgewichtsgefühl ankommt. Wir stellten uns auf ein Bein, klemmten das andere Bein irgendwie storchartig in Genitalhöhe fest und versuchten, beide Arme über den Kopf zu

47

strecken und dort die Hände zu falten. Richtig ausgeführt soll dieser Stand die körperliche und geistige Festigkeit stärken. Ich hatte erst einmal gehörige technische Schwierigkeiten, denn mein Fuß rutschte immer wieder von meinem Körper ab – es war einfach zu heiß in diesem Raum, und ich bin ohnehin ein Schnellschwitzer. Irgendwann klappte es aber doch, und ich stand da wie ein Baum. Genau genommen wie ein Gummibaum im Wind. Die Baum-Übung soll angeblich dazu beitragen, auch auf dem seelischen Sektor Gleichgewicht, Bestimmtheit und Zielorientiertheit zu entwickeln: »Stabilität inmitten der Stürme des Lebens« – durch die ich mich allerdings lieber zweibeinig bewege.

Besonders gut eignete sich der Kurs dazu, einem die eigene Unvollkommenheit zu verdeutlichen, denn was könnte lächerlicher sein als ein nackter Mann, der sich zusammen mit anderen nackten Männern verrenkt und verbiegt, bis er nicht mehr weiß, wo vorne und hinten ist? Drastisch bewusst wurde mir dies bei dem Versuch, nackt einen Kopfstand zu machen.

Meister Jörg führte es vor: Er kniete sich hin, platzierte den Kopf zwischen die Ellbogen, stemmte die Unterarme auf die Matte, drückte den Rumpf in die Höhe und streckte die Beine kerzengerade nach oben. Bei meinem Versuch, das Gesehene nachzuahmen, fiel ich um, kaum dass ich die Zehen ein paar Zentimeter von der Matte erhoben hatte. Mit der Wand als irreguläre Stütze gelang mir dann irgendwann doch eine Art Kopfstand, der allerdings ziemlich gurkig aussah. Im Idealfall soll man diese Position mindestens acht Atemzüge lang halten, was bei mir aber schon daran scheiterte, dass mir das Atmen auf dem Kopf stehend ungeheuer schwerfiel. Zudem hatte ich mit dem gewöhnungsbedürftigen Anblick zu kämpfen, dass mein eigener Unterkörper bedrohlich nahe über meinem Haupt schwebte. Oder eher hing. Auf Halbmast.

Wer den Kopfstand, der übrigens als »König der Asanas« gilt, perfekt beherrscht, kann damit angeblich Krampfadern, Nierenkoliken und Verstopfung bekämpfen. Auch energetisch soll der Kopfstand super sein, denn er fördert die Sublimierung der sexuellen Energie. Ich beschloss, den Nacktkopfstand sehr, sehr intensiv zu üben.

Als ich das nächste Mal mit Christian joggen ging, bemerkte ich bewusst beiläufig, wie gut sich Körperspannung, Muskulatur und Geist mit Nacktyoga optimieren ließen. Nicht zu vergessen die Krampfadern und die sexuelle Energie! Für diesen Satz brauchte ich allerdings 130 Meter, denn ich hatte immer noch nicht gelernt, gleichzeitig zu atmen und Vorträge zu halten. Weitere 780 Meter unserer Standardstrecke am Fluss gingen dafür drauf, die Situation mit den nackten Sportsfreunden zu beschreiben.

»Nacktyoga?«, stieß Christian hervor. »Das ist ja wohl – pft, pft, pft – absoluter Quatsch. Was soll das – pft, pft, pft – bringen?«

»Viel – chrpf – seitigkeit!«, keuchte ich. »Außerdem – ffff – ist es gut für die Muskel – hmpf – bildung.«

»Vielseitigkeit? Da – hmmpft – gibt es ja wohl Besseres«, meinte Christian. »Und besonders spannend scheint – pft – Nacktyoga unter Männern – pft – ja auch nicht zu sein.«

Stumm trabten wir zehn, fünfzehn Minuten weiter.

»Zehnkampf! Das wär's«, rief Christian plötzlich. »Das sind die wahren – pft – Helden, die Zehnkämpfer. Früher war ich mal Leichtathlet, pft, wusstest du das eigentlich?«

Wieder rannten wir zehn Minuten, ohne zu sprechen, dafür schnauften wir noch mehr. In mir grummelte und brodelte es, was auch daran lag, dass wir direkt nach dem Mittagessen losgelaufen waren, und mit vollem Bauch hätte ich mich vielleicht besser aufs Sofa legen sollen. Aber natürlich quälte mich der Gedanke, dass ich mich mit meinen nudistischen Verrenkungen eher lächerlich als bewunderungswürdig gemacht hatte.

Für Zehnkampf war ich jedenfalls eindeutig ungeeignet. Die Zehnkämpfer waren Hünen, die rennen konnten wie ein Gnu, über die Sprungkraft von King Kong verfügten und einen Speer kilometerweit in die Landschaft schleudern konnten. Mit meinen 1,72 konnte ich da nicht mithalten, und mit Speeren wollte ich sowieso nicht um mich werfen, nachdem ich seinerzeit schon den Wehrdienst verweigert hatte. Eher noch wäre der postmoderne Fünfkampf meine Sache: Pizzawettessen, DVD-Marathon, Ultra-Gammeln, Langschlafen, Extrem-Badewannen-Liegen. Leider waren dies aber noch keine olympischen Disziplinen.

Christian dachte wohl in die gleiche Richtung, denn unvermittelt sagte er: »Hast du schon den neuen – pff – James Bond gesehen? Da sind ziemlich coole Heli – keuch – kopterszenen drin. Und die Verfolgungsjagd! Keuch. Das würde mir mal Spaß machen.«

Genau!

SAG NIEMALS NIE
MIT KOMPASS UND PISTOLE
AUF AGENTENJAGD

Für die Fahrt in das Einsatzgebiet hatte ich mir die besten Bond-Songs auf eine CD gebrannt. »Diamonds are forever« sang Shirley Bassey, während die untergehende Sonne schräg durch die Windschutzscheibe meines Kleinwagens schien. Ich fühlte mich äußerst glamourös, obwohl ich nicht in einem metallisch glänzenden Aston Martin an der Cote d'Azur entlangbrauste, sondern in einem ziemlich schmutzigen Fiat über eine holprige Landstraße nördlich von Berlin rumpelte. Dunstschwaden trübten die Sicht. Rechts und links von der Straße sah man nichts außer Heidekraut und Kiefern. Das Spannendste an der Fahrt waren die vielen Schlaglöcher.

Die Straße ging kilometerweit geradeaus durch den Wald, und während ich mental auf Autopilot schaltete, schweiften meine Gedanken in die sagenhafte Welt der

Geheimagenten ab. Schließlich war ich unterwegs zu einem Agententraining für Anfänger – ein Wochenende lang wollte ich üben, wie man in einem Kampfanzug durchs Unterholz robbt, mit Geheimwaffen Gegner ausschaltet und eine heikle Mission erfüllt. Wenn man vom Töten und Getötetwerden absieht, war Geheimagent eigentlich ein ziemlich guter Job. Man hatte immer mit Menschen zu tun, war viel an der frischen Luft und kam in der Welt rum. Agenten wohnten in den schicksten Hotels, fuhren die lässigsten Sportwagen und trugen die elegantesten Anzüge. Die schönsten Frauen liefen ihnen nach, einfach so, die Agenten mussten nicht mal über Mülltrennung und Rollenverteilung mit ihnen diskutieren. Ich malte mir aus, wie ich nach einer erfolgreichen Mission auf meiner Yacht in der Karibik einen Cocktail schlürfen würde, bewundert und verwöhnt von meinem persönlichen, extrem gut gebauten Bond-Girl. Sie würde meine Brusthaare kraulen, und …

… dann passierte es. Mitten in den Song »Licence to Kill« von Gladys Knight (1989) trippelte eine hundeähnliche Gestalt aus dem Wald auf die Fahrbahn, blieb genau auf dem Mittelstreifen stehen und schaute mich mit weit aufgerissenen Augen an. Was mochte es wohl denken, das entsetzte Tier? Vielleicht: »Eigentlich wollte ich nur schnell rüber zu diesem Schlammloch und noch ein bisschen im verfaulten Laub wühlen, und jetzt das. Scheiß-

Touristen. Müssen die unbedingt die Luft verpesten mit ihren Autos? Und sollte ich nicht langsam mal schauen, dass ich mich verpisse? Ist schon verdammt schnell und massiv, dieses Monsterauto.«

Ich dachte währenddessen ungefähr Folgendes: Was ist denn das für ein Viech? Ein Hund? Ein Fuchs im Schlafanzug? Schwarzweißes Plüsch-Outfit, eine Art Augenmaske, geringelter Puschelschwanz – ein Waschbär! Was fällt dem ein? Gehört der junge Herr eigentlich nicht längst ins Bett um diese Zeit? Unverschämtheit, hier mitten auf der Straße zu sitzen, sich als Zebrastreifen zu tarnen und mich aus meinen feuchten Karibik-Träumen zu reißen!

So hätte es wohl geklungen, wenn es eine Superzeitlupe für Schrecksekunden gäbe. Gibt es aber nicht. Natürlich dachten wir beide nicht so viel detailliertes Zeug, dafür war die Zeit zu kurz und das beiderseitige Entsetzen zu groß.

Es gab ein grauenhaftes, knackendes Geräusch unter den Reifen. Ich war erst geschüttelt, dann gerührt. *You only live twice?* Falls das stimmte, hatte der bedauernswerte Pelzträger gerade sein zweites Leben ausgehaucht.

Leicht deprimiert erreichte ich wenig später mein Hotel. Mein erstes persönliches Treffen mit einem Waschbären war mies gelaufen, vor allem für den Waschbären. Andererseits war ich auf dem Weg zu einem Geheimagenten-Wochenende. Und Leute mit Lizenz zum Töten mussten eben auch töten. Wenn mich schon ein toter Waschbär emotional aus der Bahn wirft, dachte ich, wie ergeht es mir dann erst, wenn ich einen irren Wissenschaftler von seinem Weltbeherrschungswahn erlöse, indem ich ihn mit meiner Geheimwaffe pulverisiere?

Eines war immerhin positiv zu vermerken: Meine Stimmung passte perfekt in die Umgebung. Nebel war aufgezogen, es war dunkel geworden, und das sogenannte Romantikhotel sah total unromantisch aus. Graue Platten an der Fassade, Neonröhren in der Eingangshalle, beige Resopalvertäfelungen hinter dem Empfangstresen. Von einer gediegenen Geheimagenten-Luxuslodge war diese Absteige Lichtjahre entfernt.

An der Rezeption saß ein Typ Marke Gartenzwerg, nur ohne Zipfelmütze: spitzes Gesicht, Brille, graue Haare, grauer Spitzbart. Interessanterweise waren seine Gesichtszüge genauso versteinert wie bei einem Gartenzwerg aus Beton, der zu ewigem Grinsen verdammt ist. Bloß grinste er nicht. Seine Mundwinkel hingen nach unten. Ein mürrischer Beton-Gartenzwerg.

Das Wesen am Tresen bewegte sich nicht. Es starrte auf einen vor ihm stehenden Monitor. Was war dort wohl zu sehen? Ein Schneewittchen-Sexfilm? Die Übertragung der Zwergen-Weitwurf-WM? Glotzte er deswegen so gelangweilt?

Trotz übertriebenen Räusperns war der Mann nicht von seiner Tätigkeit abzubringen. Also griff ich zum Äußersten und sprach ihn an: »Guten Abend, entschuldigen Sie bitte die Störung, aber ich habe hier für zwei Nächte …«

»Ohmd«, brummte der Zwerg. Seine Stimme klang, als käme sie aus einer Blechbüchse. War ich in einem Märchenpark gelandet, mit automatischen Fabelwesen? Falls ja, würde ich später noch mit der Eichhörnchenbahn in die Ali-Baba-Höhle fahren und dort eine wilde Party mit Zwerg Nase, Aschenputtel und Dornröschen feiern. Falls nein, wollte ich bitte einfach den Schlüssel für das Zimmer, das ich gebucht hatte.

»Nohme?«, wollte das Kerlchen jetzt wissen.

»Wie bitte?« Ich konnte zwar vier Fremdsprachen, aber Zwergisch war leider nicht dabei.

»Ihr Nohme.«

»Ach so. Arnu. Anton, Richard, Nordpol, Ulrich.« Das waren nicht meine vier Vornamen, nur hatte ich allzu oft erlebt, dass man mich im Buchungssystem ohne ausführliche Buchstabierhilfe nicht so leicht fand. »Zwei Nächte.«

»Hier, hier und hier.« Der Zwerg schob mir einen Wisch hin und machte Kreuzchen, wo ich unterschreiben sollte. Dann stand er auf, um endlich den Schlüssel vom Schlüsselbrett zu holen. Ich war doppelt verblüfft: Erstens, weil sich die Betonfigur doch bewegte, zweitens, weil der Typ plötzlich viel größer als ich wirkte. Der Mann war offensichtlich ein Sitzzwerg. Es gibt Sitzriesen, die auf dem Stuhl riesig wirken, aber viel kleiner werden, wenn sie aufstehen, weil ihre Beine so kurz sind. Bei diesem Mann war es genau umgekehrt.

»Ach ja, noch eine Bitte: Hätten Sie eine Kopfschmerztablette für mich?«, fragte ich den Sitzzwerg.

Er schaute mürrisch und sagte mit schnarrender Stimme: »Ähne Toblädde hob äch schon.« Pause. Er starrte wieder auf den Bildschirm. »Ober äch gäb Se Ähn nächt.«

»Aha? Und warum, wenn ich fragen darf?«

»Vorschräft. Dorf käne Mädikomände an Gäste rausgäbn.« Pause. Glotz. »Wenn wos possiert, könn wär hoftbor gemocht wärdn.«

»Ich verrate Ihnen mal, was passieren wird, wenn ich eine Aspirin nehme: Mein Kopfweh verschwindet!«

Der Sitzzwerg zuckte mit seinen Schülterchen, schaute wieder in die Glotze und knurrte nur: »Vorschräft.«

Vorschrift! Ich spielte mit dem Gedanken, ihn vorschriftsmäßig mit dem Giftgeschoss in meinem Kugelschreiber zu liquidieren. Das scheiterte daran, dass in meinen Kugelschreiber gar kein Giftgeschoss eingebaut war.

Mit dem Gedanken, ein Waschbärleben auf dem Gewissen und beinahe einen Sitzzwerg erwürgt zu haben, fiel ich wenig später in einen unruhigen Schlaf. Das Kissen war hart wie Beton, also passend zum Personal. Meinen Einstand als Agent hatte ich mir etwas angenehmer vorgestellt.

Am nächsten Morgen wachte ich mit Kopfschmerzen und einem steifen Nacken auf. Danke, Sitzzwerg. Ich war bereit, es mit allen Bösewichtern der Welt aufzunehmen, vorausgesetzt, die Bösewichter hatten ebenfalls Kopfschmerzen und einen steifen Nacken.

Nach dem Genuss eines betonharten Brötchens und eines betonhart gekochten Eis in einem betonfarben gehaltenen Frühstücksraum fuhr ich vom Hotel aus über eine Betonpiste noch ein paar Kilometer weiter ins eigentliche Einsatzgebiet. War hier alles aus Beton? Oder verzerrte mein lädiertes Haupt die Wahrnehmung ins Unfreundliche?

Eigentlich war nämlich alles um mich herum ein brandenburgisches Biosphärenreservat. Ich befand mich in einem der größten Wälder Deutschlands, in dem es nicht nur von Waschbären und Wildschweinen wimmelte, sondern auch von Wahnsinnigen. Nazis trafen sich an den Mauerresten von Görings Jagdhaus. DDR-Nostalgiker gingen dort spazieren, wo die greisen SED-Bonzen früher wehrlose Hirsche abknallten, die man ihnen direkt vor die Flinte trieb. Und Männer in der Midlife-Krise veranstalteten dort Räuber-und-Gendarm-Spiele im großen Stil – einer von ihnen war übrigens ich.

Das Einsatzgebiet war ein verlassener Armeestützpunkt in der Schorfheide nördlich von Berlin. Früher betrieben die Russen hier den größten Militärflughafen Europas, mit einer der längsten Landebahnen, die je gebaut wurden. Ursprünglich war sie für eine russische Raumfähre gedacht gewesen, die aber nur einmal ins All flog und dann auf der Erde beim Einsturz einer Halle völlig zerstört wurde. Diese Gegend hier schien die Weltzentrale der Wracks, Ruinen und Ewiggestrigen zu sein.

Ich passierte das verfallene Pförtnerhäuschen. Der Weg führte an ehemaligen Kasernen aus Waschbetonplatten vorbei, die Betonpiste ging in eine Schotterstraße über. Hinter den Kiefern konnte man nun Motoren heulen hören. Das Gelände war ein riesiger Abenteuerspielplatz für große Jungs. Moto-Cross-Fahrer wühlten sich durch den märkischen Sandboden, Möchtegern-Schumis heizten mit frisierten Opels über die Landebahn, minderwertige Indiana-Jones-Kopien testeten im Gelände Allradfahrzeuge.

Andere spielten dort James Bond. Durch verfallene Lagerhallen, leerstehende Bunker, dunkle Wälder, Sumpfgebiete und tiefes Gestrüpp schlichen an diesem Wochenende Männer mit Tarnanzügen und Gesichtsmasken. Aber lustig war die Sache nicht, wir hatten eine wichtige Mission zu erfüllen.

Meinen Auftraggeber, einen massigen Mann in einem blauen Overall, der sich Mr. Q nannte, in der einen Hand einen Aktenkoffer und in der anderen Hand einen Kaffeebecher hielt, traf ich zusammen mit den anderen Agenten in einer ehemaligen Maschinenhalle der Volksarmee. Es roch nach Öl, rostigem Metall und modrigem Holz. Mr. Q saß hinter einer Bierbank, auf der verschlossene Briefumschläge und Namensschilder lagen. Auf den Schildchen standen aber keine Namen, sondern Nummern. Er gab mir die 010, reichte mir einen Umschlag und sagte: »Diese Mission ist nichts für Weicheier.«

»Klar, deswegen bin ich ja hier. Was ist mein Auftrag?«, antwortete ich knallhart.

»Die Details stehen im Umschlag«, sagte Q. »Aber die Rahmenbedingungen kann ich schon mal verraten. Die Sache ist so: Der ehemalige Casinobetreiber Minory hat bösartige Waffen entwickelt«, erklärte er.

»Bösartige Waffen? Gibt es auch gutartige Waffen?«

»Egal. Jedenfalls will Minory die Welt zerstören. Das müssen meine Agenten verhindern.«

»Geht klar.«

Der Auftrag klang extrem gefährlich: Über dem Einsatzgebiet mit dem Fallschirm abspringen, erläuterte Q, einen kontaminierten Fluss überqueren, einen ehemaligen Atomraketenbunker durchsuchen, mit einem Luftkissenfahrzeug durch einen Sumpf heizen, einen

Zahlencode knacken, Geheimdokumente sammeln und Lösungsbuchstaben notieren.

»Es ist mit Beschuss zu rechnen«, ergänzte er. »Sogar der Einsatz von chemischen Kampfmitteln ist wahrscheinlich.« Ohne Spezialausrüstung wäre das kaum zu überstehen.

Die Geheimwaffen! Darauf war ich besonders gespannt. Hätte ich die Ausrüstung doch bloß schon gestern Abend gehabt! James Bond bekommt in den Filmen immer feierlich die neuesten Sportwagen, Laserkanonen und Kulis mit integrierten Raketenwerfern überreicht. Und was hatte Q zu bieten? In der geheimen Kommandozentrale standen ein verrosteter Fiat Panda, ein Trabi und ein LKW der Volksarmee mit platten Reifen. Als Ausrüstung bekamen wir jeweils: eine Mappe für die Geheimdokumente und die Codes, die wir unterwegs sammeln sollten, einen dunkelblauen Overall, eine Mini-Taschenlampe, ein Funkgerät, einen Kompass, ein Fernglas und eine Paintball-Pistole. Die Munition: blaue Farbpatronen. Die Bösen, also die Helfer von Minory, schossen mit roter Farbe.

»Wer drei rote Flecken auf dem Anzug hat, ist tot«, erklärte Q die Spielregeln.

Das erinnerte mich an die Cowboy-und-Indianer-Spiele meiner Kindheit. Es kam dabei weniger darauf an, ob man Cowboy oder Indianer war, sondern darauf, sich auf Leben und Tod auf das Spiel einzulassen. Wenn eines der Kinder nicht tot sein wollte, obwohl es mehrfach von Pfeilen und Pistolenschüssen getroffen wurde, versaute uns das die ganze Stimmung: »Wenn du jetzt nicht tot bist, darfst du nie wieder mitspielen!« Deshalb gibt es immer einen Q. In den Bond-Filmen ist Q der Quartiermeister, der für die Waffen zuständig ist, aber für uns war er zusätzlich auch eine Art Spielleiter. Er legte fest, wie das ist mit Leben und Tod.

Q gab uns auch noch ein paar praktische Tipps für die Landung im Einsatzgebiet: »Besser nicht schreien beim Fallschirmsprung! Das bläst einen auf. Und auf keinen Fall in die Maske kotzen!« Mir lief es bei diesen Worten kalt den Rücken runter vor lauter Angst, Aufregung und Ekel.

Nach der Einweisung hieß ich nicht mehr Arnu, sondern nur noch »010«. Mit meinem Klarnamen durfte ich mich nicht am Funkgerät melden, viel zu gefährlich. Meinen Kollegen 001 bis 009 ging es genauso. Sie sahen in ihrer dunkelblauen Agentenkluft alle gleich aus, waren alle ungefähr gleich alt und behaupteten alle, sie wären eigentlich keine Militärfanatiker. Einer war von Freiburg aus angereist, ein anderer kam aus Rheinland-Pfalz, wieder ein anderer hatte das Bond-Event von seiner Frau zum vierzigsten Geburtstag geschenkt bekommen.

Zusammen mit meinen Geheimkollegen, die ich aus Gründen der Geheimhaltung nur 001 bis 009 nannte, wurde ich in einem Geheimbus zum Geheimflughafen gebracht.

Mit 001 bis 004 verstand ich mich auf Anhieb. Sie schienen die Sache nicht allzu ernst zu nehmen und machten selbstironische Witze über unsere Automechanikerkluft. 005 und 006 schliefen im Bus sofort ein, da sie mitten in der Nacht zu Hause losgefahren waren. 008 und 009 schienen technikbegeisterte große Jungs zu sein, denn sie redeten ausführlich über Panzer, Luftkissenfahrzeuge und Propellermaschinen.

Nur 007 kam mir etwas seltsam vor. Er sprach mit niemandem, schwitzte in seinem Anzug und schaute immer wieder nervös auf seine Uhr. Und was war das für eine Ausbeulung in seinem Overall? Hatte er eine scharfe Waffe in der Hosentasche? Wollte er die Mission sabotieren? Hatte Minory etwa einen Doppelagenten bei uns eingeschleust?

Er bemerkte, dass ich ihn beobachtete, und griff in seine Hosentasche. Würde er mich ohne Vorwarnung erschießen? Das wäre jetzt aber nicht nett. Doch 007 zog ein Tablettenröhrchen aus der Tasche, nahm eine Kapsel heraus und steckte sie sich in den Mund.

»Gegen Übelkeit«, sagte er kleinlaut. Er wischte sich mit dem Handrücken die Schweißperlen von der Stirn. »Mir wird in Bussen und Flugzeugen immer schlecht. Außerdem habe ich Flugangst.«

Das traf sich bestens, immerhin standen wir kurz davor, in eine zweimotorige Propellermaschine zu steigen. Ich hatte im Gegensatz zu 007 keine Flugangst. Gegen das Fliegen hatte ich überhaupt nichts. Gegen das Runterfallen schon. Einen Fallschirmsprung hatte ich noch nie gemacht, und nun sollten wir mal eben aus 3000 Metern Höhe aus dem Flugzeug hüpfen. Am Boden hatte uns ein Sprungtrainer zwar eine Einweisung gegeben und uns mit Trockenübungen gezeigt, wie wir nach dem Absprung den Rücken zu einem Hohlkreuz durchbiegen und Arme und Beine nach oben strecken sollten – aber wie würde das sein, wenn sich in Tausenden Metern über dem Boden die Luke öffnet und man springen soll?

Brummend schraubte sich die Maschine in die Höhe. Jeder Agent war mit seinem persönlichen Profi-Springer zusammengebunden. Nach wenigen Minuten war es so weit. Einer der Sprungtrainer öffnete eine Schiebetür an der rechten Seite des Flugzeugs. Eiskalte Luft zischte in die Kabine. Um nicht vom Sog hinausgezogen zu werden, waren wir alle mit Karabinerhaken an einer Leine vertäut. 001 bis 009 wurden nacheinander von ihren Trainern zur offenen Luke geschleift und in kurzen Abständen hinausgezerrt. Ihre Schreie waren nicht zu hören, weil es so laut war, aber ich blickte in entsetzte Augen und sah offene Münder. Meine Füße waren Eisklötze, mein Puls beschleunigte von Sekunde zu Sekunde. Alle

Muskeln waren angespannt, obwohl ich das nicht absichtlich machte. Wahrscheinlich war das gut für die Waschbrettbauchbildung, hatte aber eher psychologische Ursachen.

Auf dem Hosenboden rutschte ich zusammen mit meinem »Tandem-Master«, dem ich blind vertraute, zur Luke. Ich sah Wolken von oben, und in den Wolkenlücken mikroskopisch kleine Bäume und Autos. Der Trainer schrie »Los!«, dann ging alles sehr schnell. Es gab einen Ruck, eiskalte Luft rauschte um meinen Kopf herum. Die Regentropfen fühlten sich auf der Haut an wie Nadelstiche. Aspirin würde ich wohl nicht mehr brauchen. Allein wegen des Schocks, mit 250 Stundenkilometern auf die Erde zuzurasen und dabei akupunktiert zu werden, war mein Kopfweh wie weggepustet.

Zum Glück hing ich eng mit dem Tandem-Master zusammen, der seinerseits an einem Fallschirm hing. Nach 30 Sekunden freiem Fall, die mir wie eine Ewigkeit vorkamen, zog er offenbar endlich an der berühmten Reißleine, denn es tat einen plötzlichen Ruck, der mir kurzzeitig den Atem raubte. Gemächlich segelten wir nun in Richtung Einsatzgebiet und setzten stolpernd auf dem Gras neben der Landebahn auf. Sofort zog ich den Helm ab, nahm den Einsatzplan mit der Landkarte aus meiner Brusttasche und robbte vor in Richtung Zaun. Dahinter wartete schon das Luftkissenfahrzeug, das mich über den angeblich verseuchten Fluss bringen sollte.

Wie bei einer Schnitzeljagd für Erwachsene kämpfte ich mich von Station zu Station. Mal gab es Zahlenrätsel zu lösen, mal musste ich in einem vermoderten Flugzeughangar mit der Taschenlampe im Dunkeln nach einer Buchstabenkombination an der Wand suchen. Alle Ergebnisse notierte ich mit Bleistift und steckte das Blatt in die kleine Mappe, die ich in der Brusttasche meines Kampfanzuges verstaut hatte. Als ich mich aus einem Bunker schlich, wurde ich plötzlich von oben beschossen – Minorys Leute griffen mit Paintball-Gewehren an! Verdammt, schon hatte ich einen roten Treffer! Ich warf mich ins Gebüsch und zückte meine Pistole. Noch zwei rote Flecken auf meinem Anzug, und ich wäre tot. Also musste ich die Gegner möglichst schnell ausschalten. Meine ausgeklügelte Strategie hieß: Wild drauflosballern, irgendein Schuss würde vielleicht treffen.

Mit Schusswaffen hatte ich dummerweise keinerlei Erfahrung. Außer an einer Schießbude auf dem Jahrmarkt hatte ich noch nie geschossen, und dort hatte es stets nur für den Trostpreis gereicht. Als ich mal in den USA zu Gast bei einer Familie im Mittleren Westen war, wurde ich eingeladen, mit den Männern jagen zu gehen, während die Frauen zu Hause bleiben und ein Barbecue vorbereiten würden. »Ich möchte lieber bei den Frauen bleiben«, hatte ich damals dankend abgelehnt, »ich kann besser Salat machen als Elche töten, glaube ich.« Fred, das Familienoberhaupt, tat so, als hätte ich einen Witz gemacht, und wollte mir eine Knarre aushändigen. Ich bestand darauf: »Nein, ich jage nicht. Lieber würde ich Zwiebeln schneiden.« Die Männer hielten mich daraufhin wahrscheinlich für schwul, kommunistisch oder pervers – wahrscheinlich alles zusammen –, jedenfalls zogen sie kopfschüttelnd ab. Anschließend unterhielt ich mich mit den Frauen hervorragend über Saucenrezepte, was sehr gemütlich war. Niemals würde ich auf ein lebendes Wesen schießen, betonte ich später, während wir mit gutem Appetit gegrilltes Fleisch verzehrten.

Als Achtzehnjähriger hatte ich den Militärdienst verweigert, mit einer ausführlichen, ziemlich ausgefeilten Begründung, in der von meinem Gewissen die Rede war und vom Grundsatz, niemals mit einer Waffe in der Hand herumzurennen und auf andere Menschen zu zielen. Daran musste ich jetzt denken, als ich mit einer Waffe in der Hand durch den Wald rannte und auf andere Menschen zielte. Außerdem war es noch keine zwölf Stunden her, dass ich einem Waschbären das Lebenslicht ausgepustet hatte und einen Sitzzwerg ermorden wollte. *Sag niemals nie!*

Gut, es waren bloß Farbpatronen. Aber die Dinger taten verdammt weh, wenn sie einem auf den Hintern knallten. Ich drehte mich um und sah, dass ich einen zweiten roten Fleck auf meinem Anzug hatte. Ich war fast tot.

Durch mutiges Aussitzen der Situation erreichte ich, dass die feindlichen Agenten von mir abließen und sich auf 007 einschossen, der ganz in der Nähe im Wald herumstolperte. Ich schnappte mir meinen an der nächsten Schnitzeljagd-Station bereitstehenden elektrischen Roller, auf dem ein Etikett mit der Nummer 007 klebte, und düste dem Ziel der Mission entgegen – einem Café, wo Q wartete und die Geheimdokumente in Empfang nehmen würde.

Schließlich stand ich ihm gegenüber. Feierlich wischte ich mir den Staub aus dem Gesicht, gab meine Paintball-Pistole ab und überreichte die Papiere, auf denen ich unterwegs die Lösungen der Schnitzeljagd-Aufgaben notiert hatte. Ich fühlte mich etwas erschöpft, aber durchaus zufrieden. Schließlich hatte ich die Welt gerettet, so wie 001 bis 009 auch. Alle hatten es geschafft, ohne »tot« zu sein, die Angreifer waren so nett gewesen, keinem Mitspieler mehr als zwei Treffer zu verpassen. »Auftrag erfüllt«, sagte ich pflichtbewusst zu Q, der an einem Teller mit Schnittchen herumfummelte.

»Muper emacht«, erwiderte er, in der Aussprache leicht gehandicapt durch den großen Bissen Käsebrot, auf dem er gerade herumkaute. Etwas mehr Begeisterung und

Dankbarkeit hätte ich mir schon gewünscht – Bond hätte sich das nicht bieten lassen. Q nuschelte aber nur: »Echt muper. Spampf gemapft?«

Spaß hatte es schon gemacht, aber ich hätte mir die Party für einen Weltretter etwas pompöser vorgestellt. Bond-Girls waren bei der bescheidenen Siegesfeier leider weit und breit keine zu sehen, auch nicht durchs Fernglas. Ein paar Hasen waren mir zwar auf der Mission begegnet, aber die gehörten alle in die Kategorie Meister Lampe und waren auffallend gut genährt und extrem scheu. Dann gab es natürlich Miss Moneypenny, mit der ich unterwegs regen Funkverkehr geführt hatte. Nun reichte sie mir zum krönenden Abschluss ein Wurstbrötchen, eine Zigarre und einen Martini.

Der wahre Sieg meiner Mission, so schien mir, war sowieso nicht der über den Schurken Minory, den ich ja nicht mal zu Gesicht bekommen hatte, sondern der über den inneren Schweinehund. Und wann sonst kann man vermummt Hovercraft fahren oder bewaffnet durch den Wald robben, ohne gleich verhaftet und in eine Anstalt eingewiesen zu werden?

Zufrieden mit der ersten militärischen Leistung in meinem Leben stieg ich in meinen Wagen und fuhr los zum Zwergenhotel, wo ich noch eine Nacht verbringen musste. Unterwegs achtete ich darauf, ausnahmsweise niemanden zu töten. An der Rezeption saß zu meiner

Überraschung nicht der Sitzzwerg, sondern eine erfreulich normal gewachsene Frau ohne Spitzbart und Brille, die mich höflich behandelte – ganz wie es Bond gebührte.

Als ich ein paar Tage später wieder zu Hause war, traf ich Christian auf ein Bier. Demonstrativ rauchte ich meine Weltretter-Zigarre und berichtete von meiner Geheimmission. Von meinem Opfer, dem unschuldigen Waschbären, erzählte ich nicht, dafür schmückte ich den Fallschirmsprung, das Hovercraft-Fahren und die dramatischen Nahkämpfe etwas aus.

»Und den Fallschirmsprung«, hakte Christian nach, »den hast du tatsächlich alleine gemacht? Obwohl es dein erster Sprung war?«

»Nein, das ging nicht«, gab ich zu, »es war ja ein Tandem, wie hätte ich da alleine fliegen sollen?«

»Und das Luftkissenfahrzeug«, wollte er wissen, »wie steuert man das eigentlich? Muss doch schwer sein als Anfänger.«

»Nein, überhaupt nicht«, murmelte ich, »ich saß ja auf dem Beifahrersitz. Gesteuert hat das ein erfahrener Luftkissen-Pilot.«

»Aha. Und wie hast du die Moto-Cross-Strecke geschafft? Soviel ich weiß, hast du keinen Motorradführerschein?«

Er hatte recht, das war ziemlich lächerlich. Ich war

mit einem elektrischen Roller, einem Kinderspielzeug, über einen Minihügel gehüpft. Unverdrossen erzählte ich trotzdem weiter von meiner Mission und den vielen Angreifern, die ich abgeschüttelt hatte. Doch Christian schien nicht mehr zuzuhören.

Er dachte eine Weile nach und begann dann zu lächeln. »Habe ich dir eigentlich schon die Geschichte erzählt, wie ich in Algerien mal mit einem 7,5-Tonner vor der Militärpolizei abgehauen bin?«

Wollte er mich demütigen?

»Das war so: Ich war mit meiner damaligen Freundin unterwegs in einem LKW, wir wollten die Sahara durchqueren. Bei der Einreise in Algerien haben sie uns aufgehalten. Es ging um irgendwelche Zollpapiere, die wir nicht hatten und deren Fehlen wir auch nicht unbürokratisch durch, na, sagen wir, das Entrichten einer ›Gebühr‹ kompensieren konnten. Wir saßen also in dieser Polizeistation und überlegten, wie wir da wieder rauskämen. Also beschlossen wir zu flüchten. Das war der Wahnsinn! Wir rein in den Laster, Vollgas, ab in die Wüste. Hinter uns eine Horde Militärpolizisten mit Maschinengewehren. Und weißt du was?« Hier machte er eine dramatische Pause. »Wir sind entkommen. Sonst säße ich jetzt wahrscheinlich nicht hier.«

Ja, er wollte mich demütigen.

Christian sprach nicht von Farbkugeln, Spielzeugrollern, Hobby-Agenten und brandenburgischen Käsestullen, sondern von echten Maschinengewehren, 7,5-Tonnern und algerischen Militärpolizisten.

»Na ja, lange her«, lachte er nun, als würde das die Sache einfacher machen für mich. »Was ich dich mal fragen wollte«, sagte Christian nun, »sollen wir demnächst mal zusammen Ski fahren? Ich habe seit genau 25 Jahren nicht mehr auf Skiern gestanden und würde es gerne mal wieder probieren.«

Das machte die Sache nun tatsächlich einfacher für mich. Wenn ich etwas gut konnte, dann war es Skifahren. Ich war verrückt danach. Für mich war der Winter erst Mitte Mai vorbei, wenn man auch auf den Viertausendern keinen Pulverschnee mehr fand. Und ab Ende Mai freute ich mich auf den nächsten Schneefall.

Nun freute ich mich besonders.

AM KRITISCHEN PUNKT ALS MICHELINMÄNNCHEN AUF DER SPRUNGSCHANZE

Verabredungen mit Christian waren immer etwas schwierig. Er hatte ein ganz eigenes Zeitgefühl, das nicht einmal jemand, der ihn gut kannte, nachempfinden konnte. Geschweige denn vorausahnen. Wenn ich ihn um fünf Uhr zum Laufen treffen wollte, schlug ich drei Uhr vor. Dann konnte ich nachmittags irgendetwas anderes machen, mir gegen halb fünf langsam die Schuhe anziehen, gemütlich zum Treffpunkt schlendern – um dann dort immer noch eine halbe Stunde zu warten.

Irgendwann war mir das zu blöd, und wir vereinbarten statt eines Zeitpunktes nur noch einen Zeitraum und statt eines genauen Treffpunktes nur noch grob die Gegend, in der wir uns gleichzeitig aufhalten würden. Vor Ort würden wir dann per Mobiltelefon zusammenfinden. Vielleicht. Irgendwann.

An diesem Dezembertag wollte ich auf keinen Fall auf irgendjemanden warten müssen. Die Sonne schien, es hatte am Abend vorher geschneit und auf den Pisten lag feinster Pulverschnee. Also vereinbarte ich mit Christian nur, in welchem Skigebiet wir uns treffen wollten, nämlich in Garmisch-Partenkirchen, wahrscheinlich irgendwann gegen Mittag.

Ich brach also früh morgens auf und hatte schon acht oder neun Abfahrten hinter mir, als ich kurz vor der Talstation der Seilbahn zum Handy griff, um mich nach Christians Verbleib zu erkundigen.

»Hallo, bist du schon in der Gegend?«

»Ja, ich stehe hier unten an der Seilbahn. Siehst du mich nicht?«

»Nein. Aber ich bin auch schon fast unten an der Talstation. Lass mal sehen. Da ist das Selbstbedienungsrestaurant ...«

»Ja, seh' ich.«

»Rechts davon ist der Skikindergarten ...«

»Genau ...«

»Und dann kommt so ein großer Mülleimer, neben dem gerade ein Müllmann steht oder ein Liftarbeiter mit so einem komischen Anzug.«

»... äh, ich glaube, das bin ich.«

»Der Mülleimer?«

Nach zwei, drei Schwüngen war ich bei ihm. Von weitem hatte Christian ausgesehen wie ein Müllmann in einem dieser schmutzabweisenden Arbeitsoveralls mit reflektierenden Stellen. Von nahem sah er exakt genauso aus. Er trug tatsächlich einen Overall aus Kunstleder oder Plastik, mit Applikationen in lila und orange, dazu Motorradhandschuhe. Auf dem Kopf hatte er eine absurd große, blaue Bommelmütze.

»Was! Soll! Das! Sein?«, fragte ich, ziemlich ratlos, mit Blick auf seine Montur.

»Das ist mein alter Motorradanzug. Ich sehe nicht ein, dass ich zum Skifahren extra ein komplett neues Outfit kaufen soll«, meinte Christian.

Ökonomisch und ökologisch gesehen war die Motorradkluft auf der Piste wahrscheinlich eine extrem sinnvolle und vorbildliche Lösung. Gegen Wasser und Wind war der Anzug sicher gut. Und wenn Christian in den siebziger Jahren zuletzt auf Skiern gestanden war, konnte er schließlich auch im Siebzigerjahre-Design aufkreuzen, das war nur konsequent. Ähnliches galt übrigens für seine Skiausrüstung. Es waren lange, gerade Latten, die ungefähr doppelt so groß waren wie Christian – seine alten Bretter aus der Jugendzeit.

»Du kannst mir ruhig Tipps geben zu meinem Fahrstil«, bot Christian in konstruktivem Ton an, als wir uns bei der Bergstation die Skier anschnallten. Nach der ersten Abfahrt im Schneckentempo, für die wir eine knappe

Stunde brauchten, war mir klar, dass Christian weit entfernt davon war, überhaupt so was wie einen Fahrstil zu haben. Aus meiner Sicht musste es sein Hauptziel sein, die nächsten Stunden unfallfrei zu überstehen. Dieser Punkt würde an mich gehen, so viel stand fest, bevor wir zum ersten Mal heil an der Talstation ankamen.

In der Seilbahn auf dem Weg nach oben machte Christian trotzdem schon große Pläne.

»Heliski in den Rockies! Das wäre doch mal was für uns, oder?«

»Das Helikopterfliegen dürfte kein Problem für dich sein«, erwiderte ich, »aber ich denke, das Tiefschneefahren müsstest du noch ein bisschen üben.«

»Warst du schon mal in so einem Funpark? Salto springen und so? Threesixty? Backflip? Kannst du so was?«

»Christian, du kannst froh sein, wenn du diesen Tag ohne grobe Verletzungen überlebst«, sagte ich und meinte es ernst. »Du standst zum letzten Mal auf Skiern, als die Beatles noch zusammen waren. Und jetzt willst du gleich einen Salto springen! Bist du wahnsinnig?«

Er wischte mit seinem Motorradhandschuh die beschlagene Scheibe der Gondel frei und zeigte mit dem Finger nach schräg unten.

»Ich glaube, ich könnte auch diese Schanze dort runterspringen.«

Er meinte die Olympia-Skiflugschanze, die gerade für einen Wettkampf hergerichtet wurde.

»Nie im Leben.«

»Na gut, aber die kleinere daneben.«

»Was du als klein bezeichnest, ist in Wirklichkeit sechzig Meter hoch. Niemals springst du da runter. Vorher stirbst du an einem Herzinfarkt, wenn du oben stehst und in den Abgrund schaust.«

»Hm. Aber diese Übungsschanze da unten. Die würde ich springen.«

»Vergiss es! Du müsstest erst mal lernen, eine Anfängerpiste hinunterzufahren, ohne dich alle zehn Meter in den Schnee zu legen. Wenn einer von uns beiden das macht mit der Schanze, dann ich.«

Der letzte Satz war mir irgendwie rausgerutscht. Hatte ich den Verstand verloren?

»Wetten, nicht?«

»Wetten, doch?«

Ich hatte definitiv den Verstand verloren.

So kam es, dass ich ein paar Wochen später mit zitternden Knien vor der Skischanzen-Trainingsanlage stand. Unter meinen Füßen befanden sich 2,50 Meter lange und 11,5 Zentimeter breite Latten aus grün lackiertem Kunststoff. Mein Körper steckte in einem orangefarbenen, hautengen Ganzkörperanzug aus Schaumgummi und mein Kopf in einem dunkelgelben Helm, der mir die Ausstrahlung einer matten Glühbirne verlieh. Eine Glühbirne vor dem Sprung in einen schneebedeckten Abgrund – ich war also doppelt vom Aussterben bedroht und sah dabei noch bescheuerter aus als Christian in seiner Siebzigerjahre-Bikerkluft. Was Christian auf der Piste modisch geboten hatte, hätte man mit viel gutem Willen noch als Retro-Design durchgehen lassen können. Und was stellte ich nun dar? Eine orangefarbene Glühlampen-Wurst in der Pelle. Genauer gesagt war ich eine orangefarbene, stämmige Kurzwurst. Skispringer sind üblicherweise lang und dünn. Ich bin klein und, sagen wir mal, muskulös.

Was für eine beknackte Idee, als Laie von einer Skisprungschanze springen zu wollen! Mein Blick ging vorsichtig rüber zur Übungsschanze, wo zwölf- bis fünfzehnjährige Jungs im 30-Sekunden-Takt abhoben und landeten. An dem Schanzentisch ging es zu wie am Frankfurter Flughafen, zig Flugbewegungen pro halbe Stunde. Was würde ich alter Sack zwischen all den jungen Überfliegern für eine Figur machen? Wahrscheinlich falle ich wie ein Stein zu Boden und bin sofort tot, dachte ich. Selbstzweifel und Schüttelfrost mischten sich mit ernsthaften Bedenken und einem flauen Gefühl im Magen, dazu kamen dann noch Panik, Todesangst und Horrorvorstellungen. Ein perfekter Gefühlscocktail, wenn man sich auf einen Skisprung konzentrieren soll. Meine Motivation, auf die Schanze zu steigen und mich ins Verderben zu stürzen, tendierte mittlerweile stark gegen null. Eher unter null.

Am besten, ich ziehe den Helm wieder aus, stelle die Skier ab und gehe ganz langsam weg von der Schanze, ohne dass es jemand merkt, dachte ich.

»Am besten, du ziehst den Helm wieder aus und stellst die Skier noch mal ab«, sprach mich jemand von der Seite an. Es war Jan, mein Sprungtrainer. Der Mann schien in Ordnung zu sein, denn er wusste anscheinend genau, wie es mir ging.

»Die Skier brauchen wir dort nämlich erst mal nicht«, sagte Jan – und zeigte mit dem Finger auf eine Art Sandkasten, der mit Schnee gefüllt war. Daneben war ein Trampolin aufgebaut. »Wer große Sprünge machen will, muss klein anfangen.« Jan war ein drahtiger, kleiner Enddreißiger. Er hatte blonde Haare und einen Schnauzbart, an dem kleine, gelbe Eiszapfen hingen.

»Ich habe meine ersten Hüpfer auch hier gemacht. Ist jetzt auch schon wieder fast dreißig Jahre her …«, fügte er hinzu.

Jan war in seiner aktiven Zeit im Weltcup gesprungen, und nebenbei ließ er einfließen, dass er gerade an der Senioren-Skiflug-WM teilgenommen habe und dabei nicht unerfolgreich gewesen sei.

»Bei der Senioren-WM?«, staunte ich.

Der Mann war ein paar Jahre jünger als ich. Ich galt demzufolge garantiert nicht mehr als Nachwuchstalent. Ich war fast 30 Jahre älter und 40 Kilo schwerer als die Jungs, die Jan normalerweise trainierte, er war zuständig für die Kindermannschaft. Konnte ich in einem Alter, in dem Profisportler längst aufhören, überhaupt noch anfangen mit dem Skispringen?

Aber das war nicht die Frage. Ich musste es tun. Es gab keine vernünftige Begründung dafür, es war wahnwitzig, wahrscheinlich lächerlich – und trotzdem konnte ich nicht anders, spätestens seit ich Christian bei jenem fatalen Skiausflug große Augen gemacht hatte.

Für manche Dinge gibt es eben keine logische Erklärung. Warum klettert ein Extrembergsteiger die Eiger-Nordwand hoch, eine senkrechte, verflucht schwer zu bewältigende, 1650 Meter hohe Felshölle, obwohl er weiß, dass er von Eisbrocken, Schneelawinen und Steinschlag getötet werden kann? Weil es sie eben gibt, die Wand, und weil er eben ein Extrembergsteiger ist.

Und da war nun also diese Schanze. Und da war ich. Und da waren die Skier. Die Sache war nur so: Ich war einfach kein Skispringer.

»Du siehst gar nicht aus wie ein Senior«, sagte ich zu Jan, um über meine Bedenken hinwegzutäuschen.

Jan fühlte sich geschmeichelt und erwiderte: »Gut, du

gehst jetzt da rüber auf das Trampolin und springst so ab, wie wir's eben in der Halle geübt haben.«

Ich gehorchte und versuchte, auf dem hüpfenden Untergrund umzusetzen, was ich bei Jan erst im Theorieteil und dann per Trockenübung auf dem hölzernen Sprungbrett gelernt hatte. Aus einem windschnittigen Kauern geht der Springer explosionsartig in eine gestreckte Haltung über. Die Arme sollten an den Seiten anliegen, die Beine sind leicht gespreizt.

In der Theorie hatte ich das verstanden. Bei meinen ersten Freilandversuchen auf dem Trampolin sah ich trotzdem aus wie eine altersschwache Hummel kurz vor der Bruchlandung. Nach einer halben Stunde Gymnastik auf dem Trampolin hielt mich Jan reif für meinen ersten Sprung mit Skiern an den Füßen. Er schickte mich auf die kleinste der Übungsschanzen. Sie war aus Holz gebaut, etwa zehn Meter hoch und wirkte im Vergleich zu der beeindruckenden 60-Meter-Schanze nebenan wie ein Matchbox-Lastwagen neben einem echten Sattelschlepper.

Als ich die Stahlstufen emporgestiegen war, die sperrigen, breiten Latten unter meine Füße geschnallt und den Helm aufgesetzt hatte, wurde mir trotz Spielzeugschanze so mulmig, dass mir der Gummianzug um die Beine schlotterte. Der Anzug lag allerdings nicht allzu eng an. Er gehörte einem früheren Mitglied der deutschen Skisprungnationalmannschaft, der ihn bei den Olympischen Spielen von Salt Lake City vor vielen Jahren getragen hatte und ihn nun blutigen Anfängern wie mir zu Übungszwecken überließ. Der Mann war damals sicher nicht dicker gewesen als ich heute, wahrscheinlich eher im Gegenteil. Anzüge von Skispringern sind immer zu weit, damit sie mehr Auftrieb erzeugen.

Das Gefühl, mit der Ausrüstung eines Champions an den Start zu gehen, gab mir wenigstens psychologischen Auftrieb. Ob ich auch abheben würde wie ein Adler, musste sich nun noch zeigen.

»Einen Moment noch!«, rief Jan von unten hoch. Er stand im Zielraum und schien gerade abzuschätzen, wo ich ungefähr einschlagen würde. »Ich nehme lieber ein Zaunteil raus.« Mit diesen Worten ging er hinüber zu dem soliden Holzzaun auf der gegenüberliegenden Hangseite und rüttelte an den Brettern. Mit einem Handgriff hob er das Zaunteil hoch und schob es zur Seite. Nun klaffte ein Loch in der Zielraumbegrenzung, etwa so breit wie ein normal gebauter Erwachsener.

»Nur vorsorglich!«, brüllte Jan mir zu. »Falls du nicht mehr bremsen kannst.«

Sehr umsichtig. Wobei ich mich fragte, ob es dem Sprungtrainer wirklich um mich ging oder er nur Angst um seinen schönen Holzzaun hatte.

»Okay, du kannst jetzt!« Mittlerweile stand ich schon

ein paar Minuten oben auf der Schanze im kalten Wind. Auf der Skipiste neben dem Sprungzentrum blieben die Leute bereits stehen und schauten neugierig zu uns herüber. So was liebte ich …

Okay, ich könnte jetzt. Theoretisch wusste ich ja, wie es ging: Brust auf die Knie legen, Oberkörper nach vorne, Arme nach hinten, Blick starr geradeaus. So hatte es mir der Trainer im Theoriekurs beigebracht. Die Haltung war gar nicht so wahnsinnig schwer, aber der Blick! Denn dieser Blick ging nach vorne, und da vorne war unten – rund zehn Meter tiefer. Wo der Schnee aufhörte, kam das Loch im Zaun. Was kam danach? Der Tod? Würde mein Leben in Zeitlupe vor meiner Skibrille vorüberziehen, während ich in der Luft hing und auf den Zaun zusegelte?

Ein »Crash-Kurs« sollte es werden, hatte Jan vor dem Wochenendseminar »Skispringen für Anfänger« gesagt – ich hoffte, er hatte das nicht zu wörtlich gemeint. Der kritische Punkt meiner Schanze lag bei zehn Metern, das bedeutete, dass man zehn Meter weit fliegt, wenn man alles richtig macht. Meinen kritischen Punkt hatte ich möglicherweise schon in dem Moment überschritten, als ich die Stahlstufen zur Schanze hochgestiegen war. Jetzt gab es kein Zurück mehr. Oder doch?

»Kann ich einfach wieder runterkommen und heimgehen?«, rief ich Jan zu.

»Spring einfach!«, lenkte er von meiner Frage ab. »Nur Mut!«

Wieso »nur«? Und wieso »einfach«? »Skispringen ist nichts für Angsthasen, es gehört schon ein wenig Mut dazu«, hatte in der Broschüre »Skispringen für jedermann« gestanden. Was ist überhaupt Mut, fragte ich mich. Als ich zehn Jahre alt war, war ich im Hallenbad vom Fünf-Meter-Brett gesprungen, nur weil mein Vater mir ein Eis versprochen hatte. Das war vielleicht mutig, aber in erster Linie war es weit unter Tarif bezahlt. Mit 16 hatte ich das schönste Mädchen unserer Schulklasse zum Tanzen aufgefordert und beim ersten Song auf den Mund geküsst. Das war mutig, aber eindeutig hormonell motiviert. Im Himalaya hatte ich mal Tee mit ranziger Yak-Butter getrunken. Das war ebenso mutig wie eklig, aber in erster Linie war es ein Gebot der Höflichkeit. Und alles zusammen war kein Vergleich zu einer Skischanze.

Hinter mir stand nun Lukas, ein kleiner Junge, etwa im Erstklässleralter. »Darf ich vor?«, fragte er fröhlich.

Ich winkte ihn lässig vorbei. »Klar. Mach. Ich muss nur noch mal kurz die Bindung überprüfen.«

Ohne mit der Wimper zu zucken, stieß Lukas sich ab, düste los und riss nach dem Absprung die Beine auseinander. Er segelte bestimmt sieben Meter weit. Herrgott, so schwer konnte das doch nicht sein! Aber warum hatte

Jan dann empfohlen, vor dem Kurs auf jeden Fall eine private Unfallkrankenversicherung abzuschließen? Und warum musste ich diese komische Unbedenklichkeitsbescheinigung unterschreiben, um jegliche Haftbarkeit des Vereins auszuschließen?

Mittlerweile stand ich schon sieben, acht Minuten da oben auf der Kinderschanze. Das Publikum wuchs. Es wurde langsam ein bisschen peinlich. Vor allem, wenn ich wieder hinuntersteigen würde.

Also biss ich die Zähne zusammen. Drei–zwei–eins–null Komma fünf – null Komma zwei – null Komma nix – und los. Ich stieß mich lieber nicht ab wie der mutige Lukas, sondern ließ einfach die Eisengriffe los. Die zehn Meter bis zur Absprungkante kamen mir vor wie zehn Kilometer. Mein Puls war auf 180, ich atmete kaum noch. Und wurde immer schneller. Die rote Linie kam immer näher.

Wenn die Skispitzen genau auf der roten Linie sind, sollte ich kraftvoll aus der Hocke nach oben schnellen, hatte mir Jan eingeschärft, dann die Beine strecken, die Arme gerade nach hinten biegen, die Zehen nach oben drücken, die Skier zu einem Vogel-V nach vorne öffnen und den Oberkörper so weit wie möglich nach vorn legen. Und das alles möglichst gleichzeitig.

Es ging dann alles ganz schnell. Kaum war ich abgesprungen, sauste ich schon wieder über die planierte

Schneefläche neben der Vereinshütte bergauf. Nach hinten legen, notfalls auf den Hosenboden setzen, hatte mir der Trainer geraten, das bremst am besten. Und wenn ich stürze, sollte ich mich »einfach langmachen« und bloß nicht versuchen, gleich wieder aufzustehen – Überschlaggefahr!

Der Zaun kam erstaunlich schnell näher. Ich zielte auf die Lücke. Kurz davor stoppten die Skier plötzlich. Vor lauter Verblüffung, dass alles geklappt hatte, kippte ich zur Seite weg und landete mit dem Kinn auf dem Schnee.

»Gar nicht so schlecht fürs erste Mal!«, rief Lukas zu mir herüber. Es tut gut, von erfahrenen Erstklässlern gelobt zu werden.

Der Trainer hatte gleich ein paar Verbesserungsvorschläge: »Beine mehr durchstrecken! Später abspringen! Oberkörper weiter nach vorne!«

Ich nutzte den Adrenalinstoß in meinen Adern und stapfte sofort wieder die Treppe hinauf. Sprang wieder. Flog. Landete. Und sprang wieder. Kann man nach Skispringen süchtig werden? Beim achten Mal klappte der Absprung einigermaßen.

»Das sieht ja fast schon aus wie Skispringen!«, rief der Trainer mir zu. Beflügelt vom Lob des Meisters traute ich mich auf eine höhere Schanze. Im Prinzip ist auf der 15-Meter-Schanze alles genauso wie auf der 10-Meter-Schanze, meinte Jan, mit dem Unterschied, dass man beim Anlauf schneller wird und entsprechend weiter springt. Plötzlich war sie wieder da, die Angst. Aber das gehört wohl dazu, wenn man Jan glauben darf. Selbst alte Hasen wie er, der mal in der Skisprung-National-mannschaft war, haben immer wieder ein komisches Gefühl im Magen, wenn sie auf der Schanze stehen. Es ist ein Gefühl wie auf der Achterbahn, kurz bevor es in den Abgrund geht. Bloß hat man auf der Schanze keine Sicherheitsbügel, keine Schienen und kein Bremssystem.

Ich ließ die Eisenbügel los und zischte auf der Spur Richtung Tal, riss auf der roten Linie die Skier hoch – und segelte 14 Meter weit. Persönlicher Weltrekord!

Hinterher, auf dem Videoband, wirkte mein Jahrhundert-Sprung dann doch irgendwie kümmerlich. Eine Art Michelinmännchen hüpft über eine Kinderschanze. Toll. Egal. Von dem großen mentalen Sprung, den ich durch die Überwindung der Angst gemacht hatte, sah man ja nichts. Es war nur ein kleiner Sprung für die Menschheit, aber ein Riesenschritt für mich.

Christian war ehrlich beeindruckt, als ich ihm von der Schanze erzählte. Allerdings ziemlich genau so lange, wie mein weitester Sprung gedauert hatte, also etwa anderthalb Sekunden. Er schien nicht ganz bei der Sache zu sein. Wir hatten uns zum Mittagessen in einem chinesischen Restaurant getroffen (offiziell um zwölf, in Wirklichkeit um eins), wo es unter anderem »Reisegerichte«, »gebratene Nulden« und eine Spezialität namens »Huhu« gab. Ich entschied mich für Huhu mit Pilzen. Christian nahm Nulden nach Art des Hauses.

Während wir unsere gar nicht so scharfe »Sauscharf-suppe« auslöffelten, die es zu jedem Mittagsmenü gratis dazu gab, erzählte ich detailliert von meinem Skisprung-kurs und gab mir dabei Mühe, die Story möglichst dra-matisch rüberzubringen.

»Der Seitenwind war schon ein Problem«, flunkerte ich, »dadurch wurde ich ziemlich abgetrieben.« In Wirk-lichkeit war es fast windstill gewesen, und selbst ein Or-kan hätte bei so einem kurzen Hüpfer kaum etwas aus-gemacht.

»Dieses Gefühl zu fliegen ist wirklich einzigartig«, schwärmte ich weiter, natürlich ohne dazuzusagen, dass dieses einzigartige Gefühl in meinem Fall zu gleichen Teilen aus Panik und Todesphantasien bestanden hatte.

Christian nickte anerkennend, schwieg aber hartnä-ckig weiter. Dabei starrte er in seinen Jasmintee.

Der Kellner brachte nun die Nulden und das Huhu.

»Schmeck!«, sagte der Kellner.

»Dank!«, antwortete ich.

Nun blickte Christian doch kurz von seiner Teetasse auf. Mein Dialog mit dem Kellner hatte ihn anscheinend aus dem Schlaf gerissen. Ich kannte den Kellner schon länger, wahrscheinlich war er ein Vietnamese, der am chinesischen Buffet einen Chinesen darstellte und an der Sushi-Theke einen Japaner. Ich war begeistert von seiner Technik, die deutsche Sprache zu rationalisieren. Die umständliche Höflichkeitsfloskel »Lassen Sie es sich schmecken, ich wünsche Ihnen einen guten Appetit« hatte er in die kürzest mögliche Form gebracht: »Schmeck.« Dadurch sparte der Mann extrem viel Zeit, die er anschließend für wirklich sinnvolle Dinge wie Rauchen, Sudokuspielen oder Dösen verwenden konnte.

Mir machte das nichts aus, im Gegenteil, ich fand die Ultrakurzform des Appetit-Wünschens ziemlich in Ordnung. Small Talk mit Kellnern, Friseuren und Wurstfachverkäuferinnen lehnte ich entschieden ab. Deshalb reagierte ich auf jedes »Schmeck« mit einem herzhaften »Dank«. Der Kellner und ich, wir verstanden uns wirklich gut.

Eine Weile lang kämpften Christian und ich jeweils mit unseren Stäbchen gegen das Huhu und gegen die Nulden. Auf meinem Teller stand es nach fünf Minuten 3:2 für das Huhu, bei Christian stand es ungefähr 10:1 für die Nulden.

»Gabel?«, fragte der Kellner.

»Gern«, sagte Christian. Mehr musste in der Angelegenheit nicht besprochen werden. Ruck, zuck war das Problem gelöst.

»Unsere Mäuse sind tot«, sagte Christian unvermittelt.

»Wie bitte? Stimmt mit deinem Essen was nicht?« Ich konnte nicht ganz folgen. »Mein Huhu ist jedenfalls schon sehr, sehr lange tot, so viel steht fest.«

»Nein, unsere Tanzmäuse. Sie lagen gestern tot im Käfig. Die Kinder sind total traurig.« Christian pickte mit Gabel und Stäbchen gleichzeitig auf seinem Teller herum, als glaubte er, die toten Mäuse wären in einem Nuldennest versteckt. Er schien keinen Hunger mehr zu haben.

Während wir den Tee austranken, den obligatorischen Pflaumenwein schlürften und die Rechnung im Steno-Stil bestellten (»Za?« – »Ja. Za.«), gestand mir Christian, dass ihn der Tod der Tanzmäuse tatsächlich berührte.

Als wir unsere Glückskekse knackten, hellte sich Christians Miene auf. »Wer nicht über die Zukunft nachdenkt, wird keine haben«, las er vor. »Das ist ein Zeichen. Wir werden bald neue Haustiere haben!«, sagte er im Brustton der Überzeugung.

Ich hegte gewisse Zweifel an seiner Interpretation der Zufallsbotschaft, ließ ihm aber seine Zuversicht und öffnete dann meinen Keks:

»Es ist noch kein Meister vom Himmel gefallen.«

Der Glückskeks war wohl ein Scherzkeks. Woher wussten die chinesischen Arbeiter, die auf der anderen Seite der Welt deutsche Sprüche in Zuckerteig verpackten, von meinen Skisprung-Versuchen?

Zu Hause sah ich mir noch mal das Video von meinem

Sprung an. Wenn mich auch sonst keiner für meine Heldentaten bewunderte, dann wollte ich mir wenigstens selbst das Gefühl verschaffen, etwas Außergewöhnliches geleistet zu haben. Einen Pokal hatte ich mit meinem Sprung zwar nicht gewonnen, aber immerhin hatte Jan mir nach dem Wochenendseminar eine Urkunde überreicht, mit der ich beweisen konnte, dass ich von einer echten Skischanze gesprungen war. Ich hängte sie neben meinem Schreibtisch auf, damit sie mich täglich daran erinnerte, wie ich meine Angst besiegt hatte.

Ich konnte ja nicht wissen, dass bald jemand in mein Leben trat, der einen wirklich das Fürchten lehrte.

SITZ, PLATZ UND AUS
VON KAMPFHUNDEN UND
KURZZEITHASEN

Nach dem Tod der Tanzmäuse musste es irgendwie weitergehen. Christian betrieb intensive Trauerarbeit, allerdings nur, bis er seinen Tee ausgetrunken hatte. Dann sah er einen Streifen der Hoffnung am Horizont. Genauer gesagt sah er keinen Streifen, er sah lange Ohren, kleine Stummelschwänzchen, vorstehende Nagezähne und große Hinterbeine. Er sah Hoffnung in Hasenform.

Die Hoffnung verwandelte sich ziemlich schnell in einen festen Entschluss: »Morgen gehe ich gleich in die Tierhandlung und suche mit den Kindern zwei Hasen aus!«

»Glückwunsch.«

»Das bringt unsere ganze Familie weiter.«

»Ganz bestimmt.«

»Wir nehmen ein Männchen und ein Weibchen und gründen ein Hasenimperium.«

»Großartig. Das bringt sicher ganz, ganz viel Geld. Und Spaß. Und es schweißt die Familie zusammen.«

»Genau, Hasen als Harmonieförderer.«

»Ein genialer Plan. Das funktioniert ganz sicher.«

»Kann es sein, dass du nicht so überzeugt bist von meinem Hasenprojekt?«, fragte Christian, nun doch etwas misstrauisch geworden.

»Doch, doch, mach nur!«, ermunterte ich ihn. Ich bewunderte ihn einerseits für seinen plötzlichen Enthusiasmus, den er für die Hasenfamilienplanung aufbrachte, andererseits fragte ich mich, ob sein Idealismus nicht doch etwas zu weit ging.

Auf dem Hasensektor hatte ich schließlich Erfahrung. Vor nicht allzu langer Zeit hatten wir zwei Zwerghasen in die Familie aufgenommen, einen schwarzweißen und einen braungrauen. Eigentlich wollten wir keine Hasenzucht gründen und wählten deshalb zwei Männchen aus. Sie sollten es schön haben bei uns, also kaufte ich einen massiven Qualitätsstall aus Holz, Draht und Dachpappe und jede Menge Hasenzubehör: Trinkgefäße, Fressnäpfe, Lecksteine und sogar eine Leine zum Ausführen.

Da die Kinder ihren Laufstall definitiv nicht mehr brauchten – meine dreizehnjährige Tochter Lea und mein elfjähriger Sohn Sam ließen sich schon lange nicht mehr in so einen Krabbelknast stecken –, baute ich das Ding zu einem erstklassigen Freilaufgehege um. Ich verkleidete die Holzstäbe mit feinmaschigem Draht und stellte den Hasenzwinger auf dem Rasen auf. Hoppel und Schlappi, so hießen die beiden, hatten es gut. Eine Weile.

Eines Tages entdeckte Hoppel seinen Geschlechtstrieb und testete seine sexuellen Fähigkeiten am Nächstbesten, also an Schlappi. Der war davon überhaupt nicht begeistert, musste aber alles über sich ergehen lassen, weil er der Schwächere war. Es war ein seltsamer Anblick, zwei schwulen Rammlern bei der Triebabfuhr in einem umgebauten Babylaufstall zuzuschauen.

Und dann waren Hoppel und Schlappi eines Morgens weg. Ich schwöre, dass ich nichts mit dem Verschwinden der Viecher zu tun hatte. Im Stall lagen nur noch ein paar Fellbüschel. Wie es aussah, hatte ein Fuchs dem frivolen Treiben ein Ende gesetzt. Das schlaue Raubtier hatte die Tür geöffnet und die beiden dicken Freunde mitgenommen, vermutlich als ordentliche Mahlzeit für seine vielköpfige Fuchsfamilie.

Den Nachfolgern von Hoppel und Schlappi, deren Name ich sogar schon vergessen habe, erging es leider nicht besser. Die Zwerghasen lebten glücklich und zufrieden in unserem Garten, bis sie eines Tages einen Fluchttunnel aus dem Freilaufgehege gruben. Dass sie den

Winter im Wald überlebt haben, halte ich für unwahrscheinlich.

Dann gab es noch Nachnachfolger, deren Namen mir ebenfalls entlaufen sind. Sie wohnten eine Weile lang friedlich und sicher im Stall, den ich inzwischen mit einem Vorhängeschloss und extradickem Stahldraht in einen Hasen-Hochsicherheitstrakt verwandelt hatte. Die Sache ging so lange gut, bis meine Frau Anna und ich mit unserem Sohn Samuel einen Ausflug in die Stadt machten und Lea mit den Hasen alleine ließen. Sie hatte die Aufgabe, die Tiere zu beaufsichtigen und vor Hunden, Greifvögeln und sonstigen Killern zu beschützen. Als wir zurückkamen, waren wieder mal zwei Hasen weg. Zusammen mit einer Freundin hatte unsere Tochter die Nager am Waldrand ausgesetzt. Sie sollten nach Ansicht der Mädchen »ein schönes Leben in Freiheit haben«.

»Weißt du, wie lange dieses schöne Leben in Freiheit dauern wird?«, knurrte ich.

»Nein, wieso?«, meinte meine Tochter scheinheilig.

»Genau bis heute Abend. Dann kommt der Fuchs, und die Freiheit ist zu Ende.«

»Echt?«

»Echt. Du gehst jetzt zusammen mit deiner Freundin los, Hasen suchen. Kommt bloß nicht mit leeren Händen zurück.«

Die Mädchen liefen mit einem Korb los, und eine halbe

Stunde später waren sie wieder da – mit den Hasen. Die Tiere hatten noch genau an der Stelle gehockt, wo sie ausgesetzt worden waren, allerdings am ganzen Leibe zitternd – offensichtlich unfähig, mit dem großen Schock der Freiheit umzugehen. Leider starben die Hasen bald darauf in Gefangenschaft. Die Todesursache blieb diesmal unklar, aber wir erklärten die Hasen-Ära offiziell für beendet, da diese Tierart bei uns anscheinend keine guten Überlebenschancen hatte.

»Du musst unbedingt ein Vorhängeschloss für den Hasenstall kaufen«, riet ich Christian. »Und wenn du ein Freilaufgehege bauen willst, musst du es in den Boden eingraben und nach oben sichern, gegen die Raubvögel. Am besten, du planst auch einen Wassergraben, Selbstschussanlagen und Lichtschranken gegen Fressfeinde ein.«

Christian hatte aber eine viel bessere Idee. Er baute ein Spielhaus seiner Söhne zu einer pompösen Villa um. Den neuen Bewohnern sollte es an nichts fehlen. Die Fenster wurden vergittert, dazu konstruierte Christian Hasentreppen und Hasentische. Dann suchte er zusammen mit seinen Söhnen zwei Kaninchen aus, die in die Traumvilla einziehen sollten. Wie es aussah, fühlten sich die Tiere wohl in ihrem Luxusstall. Vielleicht träumten sie insgeheim noch von einem Flachbildfernseher, einem Whirlpool und vielen, vielen Bunnys, hatten aber nicht die sprachlichen Fähigkeiten, ihre Wünsche zu äußern.

Das war auch der Grund, warum meine Familie gleichzeitig ernsthaft darüber nachdachte, nach der Hasenpleite etwas kommunikativere Haustiere anzuschaffen. Eine Katze? Einen Hund? Papageien? Genau genommen war es so, dass meine Kinder darüber nachdachten, ich selbst lehnte weitere Haustiere zunächst ab. Was herzlich wenig nutzte – nach einem Wochenende auf dem Land brachten Anna und die Kinder ein kleines Kätzchen vom Bauernhof mit. Es sah erbärmlich aus. Strubbeliges Fell, kranke Augen, dürre Beinchen. Liebevoll und unter erheblichem finanziellem Aufwand pflegten wir das Tier gesund, ließen es impfen, päppelten es mit Kraftfutter auf und ließen es auf dem Sofa schlafen. Und was war der Dank? Die Katze wanderte wenig später zu Nachbarn aus, weil dort anscheinend das Futter besser schmeckte.

In der Zwischenzeit hatte Christian ebenfalls seine Familie erweitert, diesmal um eine Schildkröte. Er zog nun in Erwägung, auch eine Katze anzuschaffen, und das, nachdem ich ihm die Geschichte unserer undankbaren Bauernhofmieze erzählt hatte.

»Besser, wir nehmen gleich zwei Katzen. Oder einen Kater und eine Katze«, sagte er, »dann können sie Junge zusammen bekommen.«

»Wollt ihr einen Streichelzoo eröffnen?«

»Nein, aber Tiere sind doch, ähm, immer gut.«

Ohne es auszusprechen, war uns beiden klar: Wir hatten schon wieder einen Wettbewerb laufen, diesmal mit Haustieren. Und Christian lag eindeutig in Führung.

Als würden sie etwas davon ahnen, begannen Sam, Lea und Anna, mir systematisch einen Hund einzureden. Nach allen bisherigen Erfahrungen mit Haustieren und den dazugehörigen Haustierpflichten war ich absolut abgeneigt, mir so ein anspruchsvolles neues Familienmitglied wie einen Hund ans Bein zu binden.

»Wir fahren oft in Urlaub, arbeiten beide und haben sowieso kaum Zeit für irgendwas, wie sollen wir uns da angemessen um einen Hund kümmern?«, fragte ich meine Frau, als ich noch glaubte, ich hätte in der Hunde-Angelegenheit etwas mitzuentscheiden. In Wahrheit war alles längst beschlossene Sache. Es ging nur noch darum, die Illusion aufrechtzuerhalten, ich hätte tatsächlich etwas zu sagen. Um mich gnädig zu stimmen, erwiderte sie:

»Dann hast du immer eine Motivation, joggen zu gehen!«

»Brauche ich nicht, ich habe genug Motivation, um in den Wald zu rennen.«

»Aber dann hast du einen besten Freund!«

»Ich habe bereits einen besten Freund. Und wenn ich keinen hätte, würde ich mir garantiert keinen Freund suchen, der aus dem Maul stinkt, an getrockneten Innereien knabbert und sich in ekligem Zeug wälzt.«

»Stell dir vor, du hättest einen Hund, dann würde sich immer einer freuen, wenn du nach Hause kommst.«

»Wenn das so ist, möchte ich lieber eine andere Familie als einen Hund«, konterte ich.

Doch mein geballter Zynismus nützte nichts. Eines Abends kam ich nach Hause, und da saß Bruno – ein schokoladenbrauner Labrador-Mischling mit Knopfaugen. Er sah aus, als könnte er keiner Fliege etwas zuleide tun. Das Tier lutschte mit seinen spitzen Milchzähnen an meinen Fingern, und schon waren wir die dicksten Freunde auf den ersten Blick. Damals ahnte ich noch nicht, dass schon bald die ersten Leute schreiend wegrennen würden, wenn sie Bruno und mich aus der Ferne kommen sahen.

Der Hund wurde zur größten Herausforderung, der ich mich bis dahin stellen musste. Die Besteigung eines Viertausenders? Ultramarathon? Skispringen? Alles Pipifax im Vergleich zu Bruno. Der Hund zerrte ebenso stark an der Leine wie an meinen Nerven. Er forderte Kraft, Geduld, Geld und Aufmerksamkeit.

In Hunderatgebern hatte ich gelesen, dass man möglichst früh mit harter Erziehung anfangen muss, am besten unter Anleitung eines professionellen Hundepädagogen. Also vereinbarten wir einen Termin bei einem landesweit bekannten Hundeerziehungspapst, der in einem Nachbarort höhere Hundologie lehrte.

Alfons Tannenmüller sah aus wie eine Kreuzung aus Indiana Jones und Friedrich Nietzsche. Er trug einen breitkrempigen Hut, Khakihosen und eine Funktionsweste mit etwa 320 Taschen, vergleichbar denen, wie sie Sportangler, Kriegsberichterstatter und Teilnehmer der Camel-Trophy besitzen. Tannenmüller hatte einen gewaltigen Schnauzbart mitten im Gesicht hängen, der an einen Handfeger erinnerte. Was er sagte, klang ebenfalls wie eine Mischung aus Nietzsche und Indiana Jones. Er hielt seinen Schülern gerne philosophische Vorträge über Themen wie Macht, Stärke und Vertrauen. Die Leine sah er nicht als Lederband, sondern als »Kommunikationsmittel« an. Eine Peitsche wie Indiana Jones benutzte er nicht, aber eine »Reizangel«, die so ähnlich aussah wie eine Reitpeitsche. Zu den meisten Hunden hatte er einen guten Draht, aber manche Frauchen liefen weinend vom Hundeübungsplatz, nachdem Tannenmüller sie psychologisch vernichtet hatte – er hasste Tussis, die mit ihren riesigen Rassehunden nicht zurechtkamen, weil sie die Tiere zu sehr verhätschelt hatten. Im Prinzip hatte er recht, ich fand es allerdings befremdlich, dass er mit Hunden eindeutig einfühlsamer umging als mit Hundehaltern.

Der autoritäre Hundepapst schien mir jedenfalls der richtige Mann zu sein für Bruno, der eine harte Hand brauchte, damit er nicht vom süßen Welpen zum wahnsinnigen Problemhund mutierte.

»Der hat Potential«, sagte Tannenmüller, nachdem er Bruno ein paar Minuten lang beobachtet hatte.

»Was soll das bedeuten?«

»Das werdet ihr schon noch sehen«, versprach der Hundepapst.

Er hatte nicht zu viel versprochen. Bruno wuchs langsam zu einem Muskelberg heran, der nur schwer unter Kontrolle zu halten war. Nach nicht allzu langer Zeit wog er 35 Kilo und hatte die Energie eines Atomkraftwerks. Im Unterschied zum Atomkraftwerk hatte er aber keine Kühlanlage eingebaut und kein Computerprogramm, um seine gewaltigen Kräfte unter Kontrolle zu halten. Ich suchte nach einem Weg, diese Energie friedlich zu nutzen.

Wir gingen mit Bruno stundenlang joggen, Fahrrad fahren und wandern, aber das Tier war einfach nicht müde zu kriegen. Da wir ahnten, wie groß, stark und eigensinnig Bruno werden würde, meldeten wir ihn zum Benimmkurs in Tannenmüllers Hundeschule an. Dort erlebte ich zum ersten Mal, wie es ist, wenn man aufgrund schlechter Schulleistungen gemobbt wird. Nach nur zwei, drei Unterrichtseinheiten gehörten Bruno und ich eindeutig zu den Underdogs.

Es war nicht so, dass Bruno blöd war. Gut, er war auch nicht hochintelligent. Aber er verhielt sich nicht schlimmer als grob, wild und anarchisch. Er war wie ein aufmüpfiger Dreizehnjähriger, der glaubt, dass er der Größte ist und auf niemanden mehr hören muss. Ein angeberischer Macker. Ein halbstarker Randalierer. Ein Aggro-Assi, wie mein Sohn sozial unverträgliche und gewaltbereite Außenseiter nannte.

Tannenmüller strahlte eine natürliche Autorität aus, und Herrchen, die nicht eine ähnlich beherrschende Rolle bei ihren Hunden spielten, beäugte er skeptisch. Bruno und ich kamen bei ihm ebenso schlecht an wie bei den Frauchen von wuscheligen Terriern und edlen, zerbrechlichen Windhunden, die in Brunos Klasse gingen. Ich hatte ziemliche Angst vor Zusammenstößen zwischen dem bulligen Bruno und seinen zierlichen, wohlerzogenen Mitschülern. Andererseits konnte ich ihn verstehen, ich mochte Streber auch nicht.

»So, alle Hunde gehen jetzt bei Fuß, und beim Kommando ›Seite‹ wechseln sie von links nach rechts!«, rief der Hundetrainer quer über den Übungsplatz.

»Grrr! Wrwuff«, bestätigte Bruno. Anschließend sprang er kreuz und quer vor meinen Füßen rum, knurrte seine Mitschüler an und starrte einem Vogel hinterher, der in zwei Kilometern Entfernung am Himmel kreiste. An »Fuß«, »Seite«, »Platz« und »Sitz« war nicht zu denken. Ich war schon froh, wenn der Hund niemanden ansprang und biss. Während die anderen Hunde im Kurs lernten, ein Beutespielzeug beim Kommando »Aus« herzugeben, versuchte Bruno, seinen Mitschülern eben diese Beute-spielzeuge abzujagen.

Seine Versetzung war vor der Sommerpause ernst-haft gefährdet. Möglicherweise müsste er in eine Sonder-schule für lernbehinderte Hunde wechseln. Ich sah ihn schon als verhaltensauffälligen, halbkriminellen Köter mit anderen Rowdy-Rüden herumhängen. Wahrschein-lich hätte er bald ein umfangreiches Vorstrafenregister wegen Katzenjagens, Kindererschreckens und Krawallma-chens zusammen. Die Boulevardzeitungen würden Titel-geschichten über »Problemhund Bruno« bringen und der bayerische Ministerpräsident seinen Abschuss fordern.

Als das Untier acht Monate alt war, nahmen wir es mit in den Sommerurlaub nach Italien. Die Reise überstand Bruno bestens, wenn man davon absieht, dass er hinter der Rückbank die meiste Zeit jammerte und quengelte wie ein Baby und dass wir wegen ihm keinen Platz mehr für unser Gepäck hatten, weshalb ich eine von diesen spie-ßigen Dachboxen auf unseren Kombi montieren musste.

Im Ferienhaus in der Toskana fühlte Bruno sich sau-wohl, wenn er auch seiner Aufgabe, die Wildschweine von der Terrasse zu vertreiben, nicht nachkommen konnte. Seine Angst vor den Schweinen war zu groß. Im-merhin lag er manchmal malerisch zu meinen Füßen, und er biss niemanden.

Unser erster gemeinsamer Besuch am Strand wurde allerdings zum Fiasko. Es war ein Sonntag Mitte August, *Ferragosto* in Italien, eine Zeit, zu der alle, ausnahmslos alle Italiener an den Strand gehen. Es war heiß, es war voll, es war grässlich. Trotzdem hatten wir vor, mit den Kindern und dem Hund einen schönen Tag am Meer zu verbringen. Dieser Plan war ungefähr so schlau wie der, sich mit einem hungrigen Wolf einen schönen Tag bei einer Schafherde zu machen.

Die italienischen Großfamilien hatten sich längst häuslich am Strand eingerichtet, als wir gegen Mittag aufkreuzten. Kein Quadratzentimeter war mehr frei. Überall waren Handtücher, Bastmatten und Picknickdecken ausgelegt. Die Claims waren mit Sonnenschirmen und Klappstühlen abgesteckt, wahrscheinlich schon seit dem Morgengrauen. Manche Familien hatten Zelte aufgestellt, einige hatten sogar mobile Großküchen errichtet, in denen die Mamma Tomaten aufschnitt, Pasta kochte und Käse rieb. Im Schatten unter den Pinien waren lange Tafeln hergerichtet, mit Tischdecken und Weinkaraffen, Omas und Opas saßen dort schon bereit für das Festmahl. Die Männer vertrieben sich die Zeit bis zum Mittagessen mit Telefonieren und Rauchen, die Kinder spielten Ball.

Dazwischen irrte nun eine deutsche Kleinfamilie herum, auf der Suche nach einem hundegerechten Plätzchen. Wir fielen auf: Unsere Haut hatte die Farbe von frisch ausgepacktem Mozzarella, wir hatten keine Kühlbox dabei, kein Zelt, keinen Proviant für dreißig Leute und keine Oma. Dafür waren wir im Umkreis von zehn Kilometern die einzigen Badegäste mit Hund. Die Leute zeigten mit dem Finger auf uns, und das nicht, weil sie uns so sympathisch fanden. Mit einem Hund ans Meer? *Non si fa.* Das macht man doch nicht! Und schon gar nicht an einem Sonntagmittag im August.

Wir ließen uns am äußersten Eck des Strandes nieder, wo der Boden schon steinig wurde, abseits von den Bars und ganz weit weg von den Bademeistern, die mit eingeölter Brust auf ihren Aussichtsstühlen saßen. Wir befanden uns nun am Rande der Gesellschaft, was uns aber nicht weiter störte. Die Kinder rannten gleich ins Wasser, und ich machte es mir mit Bruno gemütlich, so gut es ging. Es ging aber gar nicht gut. Bruno begann, sich ein kühles Loch in den Sand zu graben. Er machte das aus meiner Sicht sehr gut, allerdings waren die Leute um uns herum anderer Meinung. Denn der Hund verteilte den Sand mit seinen Hinterpfoten systematisch im Umkreis von mehreren Metern, indem er ihn hoch aufwirbelte und in alle Richtungen schleuderte. Als das Loch endlich tief genug war, herrschte trotzdem keine Ruhe. Der Hund wälzte sich unruhig hin und her, wühlte immer wieder den Boden auf wie ein Wildschwein, grunzte und knurrte. Dauernd musste er niesen, weil er Sand in die Nase bekommen hatte.

Plötzlich herrschte verräterische Stille. Ich drehte mich vorsichtig um – und musste entdecken, dass Bruno es sich auf dem Handtuch der Nachbarfamilie bequem gemacht hatte, die gerade zum Kiosk gegangen war. Fett und breit lag er auf dem Rücken und wälzte sich brummend und hechelnd hin und her.

»Lass uns hier abhauen«, raunte ich Anna zu, »bevor alles zu spät ist.«

»Wieso? Es ist doch schön hier?«

»Für die anderen war es vielleicht schön, bevor wir mit dem Hund gekommen sind, aber ich befürchte, bald wird es hier ähnlich lustig zugehen wie in der Schlussminute des WM-Halbfinales 2006.«

»Was war daran lustig?«

»Nichts. Deutschland – Italien, 0:2. Lass uns lieber rechtzeitig gehen. Ehrlich, ich habe Angst.«

»Wovor?«

»Dass sie mich verprügeln, verhaften, foltern und den Hund dazu. Gell, Bruno? Geh'n wir. Komm. Bruno?«

Der Hund antwortete nicht. Das lag in erster Linie daran, dass er ein Hund war, und in zweiter Linie, dass er nicht mehr da war.

»Bruno! Bruno! Hierher!«, rief Anna.

»Genau«, ergänzte ich schwach, aber das machte nichts, denn ohnehin war alles Rufen sinnlos. Bruno hatte eine Möwe entdeckt, was am Meer nichts Ungewöhnliches ist, aber der Hund fand es eine bodenlose Frechheit, dass dieser Vogel über den Strand geflogen war. Er raste der Möwe hinterher, die 800 Meter Luftlinie von ihm entfernt war. Dabei nahm er den kürzesten Weg – geradeaus über Handtücher, Decken, Teller mit gewaschenen Trauben und aufgeschnittenen Melonen, eingeölte Bäuche, Zeitschriften und Sandburgen. Für meine Verfolgungsjagd nahm ich denselben Weg. Was blieb mir übrig?

Nachdem ich ihn schließlich wieder eingefangen hatte, musste ich einen Spießrutenlauf absolvieren. Unser Rückweg führte uns durch eine Schneise der Verwüstung. Italiens Strandidylle lag in Schutt und Asche. Bemüht, mich von all den wütenden Blicken nicht töten zu lassen, steuerte ich auf unseren Platz zu. Ich würde meiner Familie mitteilen, dass ich nun lieber zu den Müllhaufen in den Pinienwald gehen wollte, dort war wenigstens sonst niemand. Nur gab es an unserem Platz keine Familie mehr. Ich wagte einen Blick über die Schar meiner neuen Feinde, konnte Anna, Sam und Lea aber nirgendwo entdecken. Also hielt ich dem Hund eine ausgiebige Moralpredigt, um mir die Zeit zu vertreiben, bis sich Minuten später drei fröhlich lächelnde Menschen zu mir gesellten – jeder mit einem großen Eis in der Hand. Ich konnte es nicht fassen, hatte aber auch keine Energie für eine zweite noch ausgiebigere Moralpredigt über Verantwortung und darüber, wer den Hund denn bitte schön unbedingt hatte haben wollen und dann kniff, wenn's ernst wurde, und lieber in aller Seelenruhe ein Eis essen ging und dem, der gegen den Hund gewesen war und ihn trotzdem einfing, nicht mal eins mitbrachte. Also beschränkte ich mich darauf, resigniert den Kopf zu schütteln, zeigte stumm in Richtung Wald und suchte eilig das Weite. Nichtsahnend, dass mir das eigentliche Unheil noch bevorstand …

Wir waren noch nicht weit gekommen, als Bruno, der bei der Möwenjagd offenbar eine Menge Salzwasser, Müll und noch schlimmere Dinge geschluckt hatte, dringend aufs Klo musste. Das merkte ich an seinem Blick und seiner Körperhaltung.

»Komm weiter«, motivierte ich ihn, »komm schnell, in den Wald!«

Aber es war zu spät. Bruno setzte sich mit gekrümmtem Rücken mitten auf den Strand, direkt vor das Handtuch einer italienischen Großfamilie, die gerade beim Essen war. Die Kinder sprangen schreiend auf, die Mutter kreischte, der Vater erhob sich mit drohenden Gesten und stampfte gotteslästerlich fluchend in meine Richtung. Ich tat so, als wäre ich ein blöder Ausländer, der mit seinem blöden Hund an den Strand gegangen war und kein Wort verstand von dem allgemeinen Geschrei, das nun um uns herum losbrach. Was ja auch irgendwie zutraf.

Bruno entleerte unterdessen in aller Ruhe seinen Darm. Er war zwar ein ultranervöses Tier, das sich schon durch ein fallendes Blatt provoziert fühlen konnte, aber wenn er mal am Kacken war, konnte ihn nichts aus der Ruhe bringen, das musste man ihm wirklich lassen.

Es grenzte an ein Wunder, dass wir unverletzt vom Strand flüchten konnten – nicht ohne vorher Brunos großes Geschäft in eine kleine Plastiktüte geschaufelt zu haben. Schwitzend und fluchend erreichte ich den Parkplatz und verstaute den Hund im Kofferraum. Auf die staubige Motorhaube hatten Passanten mit dem Finger eine Botschaft hinterlassen: »Germania – Italia 0:2!!!« Ich war froh, als der Urlaub vorüber war.

Zurück in Deutschland überlegte ich, wie ich solche Grenzsituationen in Zukunft vermeiden könnte. Wollte ich mich wirklich von jemandem, egal ob Mensch, Hund oder sonst was, dazu treiben lassen, mit einer Tüte Scheiße in der Hand zitternd durch den Wald zu eilen? Nein, das wollte ich nicht. Und wenn mich schon ein Hund an den Rand des Nervenzusammenbruchs brachte, wie sollte ich dann den wahren Herausforderungen begegnen, die das Leben noch für mich bereithielt?

Aufgeben wollte ich aber auf keinen Fall. Ich studierte Hunderatgeber, befragte Hundepsychologen und konsultierte einen hauptamtlichen Hundeflüsterer. Alle bescheinigten uns, dass wir nichts grundlegend falsch machten. Bruno war halt ein bisschen schwierig, das musste man akzeptieren und lernen, im täglichen Leben damit umzugehen. Das klang, als hätte ich eine körperliche Behinderung. Dabei hatte ich nur einen Hund.

Als Christian mich und Bruno nach dem Urlaub zum Laufen abholte, klingelte er nicht, sondern kam einfach durch die offene Wohnungstür. Ich fand das in Ordnung, aber der Hund nicht. Im Galopp rannte mein bester Freund durch den Flur und sprang an meinem anderen besten Freund hoch. Wenn er auf den Hinterbeinen stand, war Bruno fast so groß wie Christian.

»Sitz! Aus!«, rief ich, aber natürlich war es längst zu spät.

Der Hund schlug Christian mit den Vorderpfoten die Sonnenbrille aus dem Gesicht. Sie schepperte zu Boden und ging zu Bruch.

»Tut mir leid«, murmelte ich kleinlaut.

»Schon gut.«

»Ich habe ihm das nicht beigebracht.«

»Schon gut.«

»Der will nur spielen.«

Christian konnte gut den Großzügigen markieren, den Kampf der Hasen, Katzen und Köter hatte er klar für sich entschieden. Ich hatte es zwar mit mehr Tieren versucht, dafür gingen uns aber auch mehr Tiere verloren, und die, die übrigblieben, ließen uns nicht eben im besten Licht erscheinen. Die Überlebenschancen für Haustiere schienen in Christians Familie offenbar höher zu sein. Unsere Bilanz des Schreckens: sechs tote Hasen, eine ausgewanderte Katze, ein irrer Hund und jede Menge Sachschaden.

Christian hätte zwar gegen Bruno anstinken können, wenn er sich einen Alligator oder einen Löwen angeschafft hätte. Doch das wollte er nicht. Und er hatte es auch nicht nötig.

»Komm mal mit nach draußen«, sagte er lässig, »und schau dir mein neues Fahrzeug an.«

RÜTTELN UND RAMMEN
DAS DING AUS DEM SUMPF

Auf der Straße vor unserem Haus glitzerten elegant geschwungene Chromteile in der Sonne. Sie gehörten tatsächlich zu einer Harley Davidson. Der Traum aller Männer in der Midlife-Crisis, die sich frei, unabhängig und jung fühlen wollen, obwohl sie verheiratet, von allen möglichen Dingen abhängig und mindestens mittelalt sind. Weil sie die Uhr eben nicht zurückdrehen können, erkaufen sie sich dieses Easy-Rider-Gefühl recht teuer mit einem Motorrad der Luxusklasse.

Christian hatte Tränen der Rührung in den Augen. Ich nicht. War ich etwa neidisch? Nein, überhaupt nicht. Ich war nur ratlos, verzweifelt, fühlte mich leer und ausgebrannt. Auf diesem Gebiet konnte ich überhaupt nicht mithalten. Mit motorisierten Zweirädern kannte ich mich so gut aus wie mit Teilchenbeschleunigern, nämlich gar nicht. Ich besaß nicht mal einen Moped-Führerschein. Als Jugendlicher hatte ich immer ein Mofa haben wollen, aber meine Eltern waren nicht willens, mir den Wunsch zu erfüllen, und ich sparte dafür nie genug Taschengeld.

Den Autoführerschein hatte ich mit Ach und Krach nach der dritten Prüfung geschafft. Das mit dem Ach lief übrigens so: Der Fahrlehrer sagte, ich solle losfahren und an der ersten Kreuzung rechts abbiegen. Wir waren keine Minute unterwegs, als ich an einem Stoppschild vorbeifuhr, ohne zu stoppen. »Ach«, stöhnte der Prüfer auf dem Rücksitz, »das war's dann wohl, Sie können zurückfahren zur Fahrschule.« Beim zweiten Führerscheinanlauf sollte ich seitwärts einparken. Dabei touchierte ich ganz leicht ein bereits erfolgreich geparktes Auto. Es gab nicht mal einen Kratzer, aber anschließend auch keinen Führerschein, was ich extrem kleinlich fand. Erst beim dritten Versuch klappte es mit dem ersehnten Lappen. An den Motorradführerschein war nach dieser Zwangsgeburt damals weder nervlich noch finanziell zu denken.

Zudem war ich in technischen Dingen absolut inkompetent. Während andere Männer mit der größten Selbstverständlichkeit an Oldtimern und Motorrädern herumschraubten, spielte ich lieber Klavier, schnitt Rosen im Garten oder bereitete eine Lammkeule zu. Ich schaffte es gerade mal, unfallfrei eine Glühbirne auszuwechseln. Einmal hatte ich mir vorgenommen, die Winterreifen an unserem Auto selbst zu montieren, anstatt diese vermeintlich einfache Übung von einem hochbezahlten Fachmann erledigen zu lassen. Ich nahm einen Klapp-Wagenheber, bockte den Wagen auf, schraubte die Radmuttern ab, nahm einen Sommerreifen inklusive Felgen vom rechten Vorderrad und schleppte das Rad in den Keller. Bis zu diesem Zeitpunkt war ich ziemlich stolz auf mich. Als ich mit dem Winterreifen unter dem Arm wieder auf den Hof kam, traute ich meinen Augen nicht: Das Auto war weg! Nur der umgekippte, klapprige Wagenheber und der Schraubenschlüssel lagen noch auf dem Asphalt.

Eine Kratzspur auf dem Teer führte von der Stelle, an der unser Wagen gestanden hatte, in einem langen, schrägen Bogen die leicht abschüssige Einfahrt hinunter. Die Spur ging mitten durch das geöffnete Holztor, weiter quer über die Straße auf die gegenüberliegende Seite. Zwischen einem Elektroverteilerkasten und einem Laternenpfahl schimmerte etwas im Gebüsch – mein leicht verbeultes Drei-Rad. Es war rückwärts davongefahren, Gott sei Dank ohne irgendjemandem unterwegs zu begegnen. Nach diesem Erlebnis brachte ich unseren Kompaktwagen wegen jeder Kleinigkeit zum Kfz-Meister meines Vertrauens, der praktischerweise direkt neben dem Elektroverteilerkasten wohnte.

Vielleicht um von meinem technischen Unvermögen durch grobe Übertreibung abzulenken, kaufte ich später einen Geländewagen. Meine offizielle Begründung für diese unvernünftige Entscheidung gegenüber Anna lautete, dass der Hund zu groß und zu dreckig sei für unser kleines, elegantes italienisches Auto. Wir bräuchten einen rustikalen, beißfesten, innen und außen abwaschbaren Tiertransporter. Da meine Gattin den Hund unbedingt hatte haben wollen, konnte sie nichts gegen den Land Rover sagen, obwohl sie Geländewagen peinlich fand – was durchaus nachzuvollziehen war.

Außerdem besaß ich einen Rasentraktor, auf den ich ziemlich stolz war. Er hatte vier Gänge, 10 PS und brachte es auf sensationelle 15 Stundenkilometer. Im Winter betrieb ich den Traktor als Schneepflug, indem ich die Grasfangkörbe abnahm und ein Schneeräumschild montierte.

»Einen Hund oder einen Bierkasten kannst du mit dem Ding aber nicht transportieren«, sagte ich nun zu Christian, der immer noch versonnen auf seine Harley starrte.

»Einen Bierkasten schon. Und einen Hund habe ich zum Glück nicht«, versetzte er trocken.

Ich probierte einen Schlag aus der Defensive: »Ich weiß nicht, irgendwie ist mein Rasenmäher immer noch cooler.«

Christian quittierte die Bemerkung mit hochgezogenen Augenbrauen.

»Mit einer Harley kannst du nur cool durch die Gegend cruisen«, legte ich nach, »ich kann mit meinem Traktor mähen, Schnee pflügen, einen kleinen Anhänger ziehen …«

»Und wozu sollte ich das tun?«

»… oder einfach nur im Gelände rumgurken. Mit den großen Hinterrädern an meinem Land Rover komme ich durch jedes Matschloch.«

»Was soll das bringen?«

»Hast du als kleiner Junge nie davon geträumt, einen Bagger zu fahren? Wolltest du nie mit einer großen, starken Maschine im Dreck wühlen? Graben? Planieren?«

»Schon, aber ich bin doch nicht Bob der Baumeister! Wie soll das gehen? Willst du dir etwa einen Bagger anschaffen?«

»Und ob das geht. Du wirst schon sehen, ich fahre demnächst einen riesigen Radlader und mach alles platt.«

»Du spinnst. Seit du den Hund hast, wirst du immer wunderlicher.«

»Ich mein's ernst. Wetten, ich kann einen Schaufelradbagger steuern?«

»Und den Bagger kaufst du im Baumarkt?« Christian schüttelte den Kopf, setzte den Helm auf und tuckerte ab. Wenn ich weiter wirres Zeug über meine angebliche

Schaufelradbaggerkompetenz redete und von Baugeräten phantasierte, würde Christian womöglich bald den Kontakt zu mir abbrechen, fürchtete ich. Es sei denn, ich ließe Taten folgen.

Meinen Plan, einen Bagger von der Baustelle neben unserem Haus zu entführen, verwarf ich schnell wieder, vor allem, weil ich nicht wusste, wo die Bauarbeiter den Schlüssel versteckt hatten. Und wenn ich es gewusst hätte, wäre immer noch die Frage nicht geklärt, wie man so ein Ungetüm überhaupt steuert. Ich wollte zwar Aufsehen erregen, aber nicht gleich den halben Ort zerstören.

Ein paar Wochen später saß ich im Zug in Richtung Kassel. In der Umgebung der hessischen Stadt gab es einen Männerspielplatz, auf dem man gegen Eintritt einen Tag lang mit Baumaschinen im Dreck spielen durfte. Dabei konnte man wenig Schaden anrichten, zumindest wenig Sachschaden. Über die psychischen Folgen des Unternehmens war ich mir nicht ganz im Klaren.

Unterwegs blätterte ich in Hochglanzmagazinen, die ich am Bahnhof gekauft hatte. Sie hießen *Truck XXL*, *Baumagazin* und *Offroad*. Darin war von »geballter Antriebskraft« die Rede, von »atemberaubender, leichtfüßiger Traktion« selbst auf schwierigstem Gelände und von der Effizienz eines neuen »Saugbaggers«. Ein Artikel war überschrieben mit dem poetischen Titel »Willkommen in der Welt der Verdichtung« – das klang nach einem bislang unbekannten absurden Spätwerk von Samuel Beckett, es ging aber um Walzen, Stampfer und Rüttelmaschinen.

Der Zug donnerte durch Tunnel und über Brücken, während ich mir das nötige Fachwissen für mein Bauprojekt anlas. Beides wirkte extrem ermüdend. Zwischen Würzburg und Fulda musste ich eingenickt sein, denn ich fand mich plötzlich in einer seltsamen Welt der Verdichtung wieder. In meinem kurzen Traum saß ich nackt in einer fliegenden Planierraupe. Der Sitz unter mir war ein Ledersattel mit Fransen. Eine sanfte Stimme forderte mich auf, mich auf den Kopf zu stellen und loszufahren, aber daraus wurde nichts, weil ich noch den Hund einfangen musste, der mal wieder einem Vogel hinterhergerannt war. Plötzlich geriet ich mit der Raupe auf eine schiefe Bahn, ich stand auf einer Skischanze und war kurz davor, Gas zu geben und in die Tiefe zu springen. Von unten rief Christian: »Tu's nicht! Tu's doch! Kaffee! Tee! Brezeln!«

Ich öffnete die Augen, als gerade der »mobile Brezelverkäufer« an mir vorbeizuckelte. Wir befanden uns bereits »in der Anfahrt auf Kassel«, wie unser eloquenter Zugbegleiter sich ausdrückte.

Mit einem Mietwagen fuhr ich über Wickenrode und Großalmerode nach Epterode. In der Nähe lagen auch noch die Orte Rommerode, Dudenrode, Hitzerode, Glimmerode, Retterode, Orferode, Abterode, Germerode, Motzenrode, Wölfterrode, Wellingerode, Rückerode und Neuerode, die mich auch alle gereizt hätten, aber so viel Zeit hatte ich leider nicht.

Wo man hinschaute in dieser Gegend, stand entweder ein Baum oder war ein Loch im Boden. Epterode, Großalmerode und ein paar andere Rodes waren dafür bekannt, dass die Menschen dort seit Jahrhunderten in der Erde herumwühlten. Ton, Sand und Kohle waren schon im Mittelalter die Haupterwerbsquellen der Epteroder gewesen. Dort hatten früher Töpfer, Alaunsieder, Schmelztiegelmacher und Glasmacher gelebt, hieß es auf der Internetseite des Ortes. Heute gab es in Epterode weder Schmelztiegelmacher noch Kohleabbau, dafür aber ein Dreckloch, in dem Baumaschinen standen – mein Reiseziel.

Ich wunderte mich ein bisschen, als ich das Auto auf dem Parkplatz am Waldrand abstellte und dort einem Mann mit Schlammschicht begegnete. Er trug schlammige Schuhe, eine schlammige Hose und eine schlammige Jacke. Schlamm war auch auf seinen Schultern, auf seinen Handrücken, auf seinen Haaren, auf seiner Nase und auf seiner Stirn. Der Mensch besteht angeblich zu 70 Prozent aus Wasser sowie aus Kohlenstoff, Fett und Eiweißen, aber dieser hier bestand zu mindestens 50 Prozent aus Schlamm.

Der Schlammheini nickte mir verschwörerisch zu. Sah er mir etwa an der noch schlammfreien Nasenspitze an, was ich vorhatte? Wahrscheinlich schon, denn was hätte ein Mann mittleren Alters wohl sonst in Epterode zu suchen, wenn nicht den Männerspielplatz?

Den Schlammspuren auf der Straße nach wanderte ich weiter in Richtung Dreckloch. Die Wiese am Waldrand war voll geparkt mit Autos und Motorrädern aus ganz Deutschland. Es roch nach Diesel, Bratwurst und Zigarettenrauch. Auf dem Gelände war bereits einiges los. Männer in blauen Arbeitshosen, groben Arbeitsschuhen und ledernen Arbeitshandschuhen stiefelten auf Schutthaufen herum, bretterten mit Quads durch Matschlöcher und wischten sich mit dem Handrücken Schlammspritzer aus dem Gesicht.

Am Eingang des Geländes gab es eine Wurstbude, Bierbänke und Tische. Auf den Bänken saßen ausnahmslos Frauen, die sich ihre Hände an Kaffeetassen und Thermoskannen wärmten. Die meisten von ihnen sahen nicht besonders fröhlich aus. Ihre Männer spielten im Matsch, und sie saßen daneben und langweilten sich – die Nummer hatten sie ja wahrscheinlich schon beim täglichen Kleinkinderhüten am Sandkasten auf dem Spielplatz hinter sich.

Ich checkte beim Oberbuddelmeister ein, einem kumpelhaft wirkenden Mittvierziger mit Schnauzbart, der am Bratwurstgrill stand. Er hatte einen blauen Arbeitsoverall an, eine Grillzange in der Hand und eine Baseballkappe auf dem Kopf. Er schaute mich an und fragte: »Flatrate?«

Für alles Mögliche gab es mittlerweile eine Flatrate. Man konnte gegen Bezahlung einer Pauschale telefonieren, saufen und sogar ins Bordell gehen. Eine Bratwurst-Flatrate war mir neu.

»Danke, ich mag Bratwürste nicht so gerne«, antwortete ich.

»Nein, ich meine die Flatrate für den Park«, sagte er, »dann kannst du alle Geräte so oft benutzen, wie du willst.«

»Ja, ich will.«

Mich beschäftigten gedanklich zwei Dinge: Warum nannte er das Gelände mit den Schutthaufen und den Matschlöchern Park? Und wieso duzte er mich?

»Gut, dann setz einfach hier, hier und hier dein Autogramm drunter.«

Offenbar gab es in Epterode ein ungeschriebenes Gesetz, nach dem Baggerfans und Baggerparkbratwurstverkäufer untereinander das Sie übersprangen. Der Wurstchef schob mir ein Formular über den Tresen. Auf dem Papier waren sehr viele kleingedruckte Buchstaben zu sehen. Ich erinnere mich nur noch daran, dass ich mich mit meiner Unterschrift dazu verpflichtete, für etwaige

Unfälle mit den Maschinen nicht den Veranstalter verantwortlich zu machen. Auf dem Plan des Freizeitparks las ich mir dann durch, was ich an den 18 Stationen des Baggerlochs alles erleben konnte. Die Flatrate ermöglichte es mir, »in authentischer Baustellenumgebung auf einem ehemaligen Fabrikgelände« alles nachzuholen, wovon ich seit dem Sandkastenalter geträumt hatte. Es standen Kettenbagger bereit, eine Planierraupe, ein Kran, mehrere Walzen, ein Traktor, ein Unimog, Quads und verschiedene Geländewagen.

Vor einem gelben Riesengerät an Station 1 hatte sich eine lange Warteschlange gebildet. Die Monstermaschine wog 32 Tonnen und wurde mit zwei Joysticks bedient. Der Komatsu PC 210 LC, ein mittelgroßer Kettenbagger, war anscheinend der Ferrari unter den Baumaschinen.

»Das Ding ist besser als ein Ferrari«, sagte der Mann, der vor mir in der Schlange stand und anscheinend nebenher Gedanken las. Vielleicht hatte ich aber auch mit mir selbst geredet.

»Na ja, ein bisschen langsamer als ein Ferrari und etwas größer«, erwiderte ich.

»Schon. Aber einen tollen Sportwagen kann man mieten«, sagte er, »einen Kettenbagger normalerweise nicht. Ich heiße übrigens Arnold.«

Gibt es etwas Schöneres, als auf die Schnelle nette Bekanntschaften zu schließen? Zumal ich eine halbe Stunde warten musste, bis ich beim Ferraribaggern an der Reihe war. Bevor ich schließlich drankam, beobachtete ich Arnold, der in dem gelben Ungetüm saß und mit seligem Grinsen einen Haufen Dreck von links nach rechts schaufelte. Aus dem Seitenfenster des Baggers winkte er seinem Hund und seiner Freundin zu, die neben mir standen. Die Frau lächelte verständnisvoll. Der Hund wühlte im Matsch, offenbar ganz in seinem Element. Bei seinem Frauchen war ich mir diesbezüglich nicht so sicher.

»Ich find's süß, wie er sich freut«, sagte sie halb stolz, halb belustigt, also in dem Ton einer Mutter, die ihren Dreijährigen dabei beobachtet, wie er einen Staudamm aus Sand baut. Oder meinte sie den Hund?

»Ist das nicht langweilig hier für eine Frau?«, fragte ich sie.

»Geht so. Ich habe mir vorsichtshalber was zum Lesen mitgebracht.«

Eigentlich hatte sie im Internet nach einer Möglichkeit gesucht, einen amerikanischen Riesentruck zu mieten, als Überraschung zu seinem 40. Geburtstag, wie sie erzählte. Dabei war sie auf diesen Männerspielplatz gestoßen. Ihr Mann spielte in einem Orchester Trompete, was auf den ersten Blick eine viel feinsinnigere Tätigkeit zu sein schien als Baggern.

Mit einem Strahlen im Gesicht kam der Trompeter jetzt auf uns zu, seine Zeit am Gerät war um. Das Bedienen der tonnenschweren Stahlschaufel sei dem Spielen einer Trompete gar nicht so unähnlich, erklärte er: »Für beides braucht man Fingerspitzengefühl.«

Über dieses verfügten leider nicht alle, die den Männerspielplatz bevölkerten. Auf dem in einem Waldstück hergerichteten Geschicklichkeitsparcours für Quads, wo man über eine Wippe fahren musste und über Hügel sprang, kam es immer wieder zu Unfällen. Die Jeeps, für die es eine weitere Geschicklichkeitsstrecke durch den Wald gab, landeten öfter mal im Graben oder an einem Baum. Drei Mechaniker waren unter der Woche auf Hochtouren damit beschäftigt, die Vehikel zu reparieren, die von den Hobby-Bauarbeitern am Wochenende ramponiert worden waren – 20 Großmaschinen, 35 Quads, 11 Motorräder und 11 Jeeps. An jeder Station des Spielplatzes stand ein Instruktor bereit, um den Männern wenigstens die Grundzüge des Grabens, Walzens oder Kranführens beizubringen.

Baggern war kompliziert, fast so kompliziert wie Modellhubschrauber zu steuern. Das stellte ich fest, als ich mich von Arnold verabschiedet hatte und selber in das gelbe Ungetüm geklettert war. Man musste mit den Füßen und den Händen gleichzeitig Hebel und Pedale bedienen, dreidimensional denken und präzise mit dem Joystick hantieren. Mir war das zu chirurgisch. Ich brauchte etwas Grobes, Brutales, Einfaches. Ich ließ rasch vom Riesenferrari ab und lief voller Tatendrang ein paar hundert Meter weiter zur Planierstation.

Bald saß ich am Steuer einer gelben Planierraupe vom Typ Komatsu 41P und verschob einen gewaltigen Haufen Steine und Erde von links nach rechts. Auf meiner Stirn bildeten sich kleine Schweißperlen. Zum Glück trug ich eine Sonnenbrille, sonst hätten die Zuschauer sehen können, dass ich Tränen der Rührung in den Augen hatte. Im Vergleich zum Schaufelbagger war mir die Raupe viel sympathischer. Ein Baggerpark-Mitarbeiter hatte mich bei laufendem Motor kurz eingewiesen, wie das Ungetüm zu bedienen sei. Es war recht laut, und ich hoffte, ich hatte den Mann richtig verstanden: Es gab zwei Hebel, mit denen ich die Ketten nach vorne und nach hinten fahren lassen und die Schaufel bewegen konnte. Ich fühlte mich in dem Monstergefährt, wie sich wohl ein Nashorn in seinem gepanzerten Körper fühlen muss: stark, breit, unverletzbar.

Etwa 30 Leute schauten mir interessiert zu, wie ich versonnen eine Menge Matsch in Richtung Waldrand schob. Der braune Haufen vor der Schaufel wurde immer höher, und es war beeindruckend, wie leicht es der Raupe fiel, diese Masse zu bewegen. Der Haufen wuchs zu einem Hügel, der Hügel zu einem Berg. Auf dem immer steiler werdenden Haufen bildeten sich langsam Matschbrocken, die irgendwann ins Kullern kamen – und als ausgewachsene Schlammlawinen in Richtung Publikum losrollten. Ich stoppte abrupt, was die Sache erst so richtig ins Rutschen brachte. Mir stockte der Atem, ich war mindestens so aufgewühlt wie der Boden unter mir. Aus meinem Führerstand sah es so aus, als würden die Zuschauer hinter dem rotweißen Baustellen-Absperrband innerhalb der nächsten Sekunden von Erdmassen verschüttet. Knapp vor der Begrenzung kam die Lawine zum Glück ins Stocken.

Der Baggerpark-Mitarbeiter hatte die Szene erst aus sicherem Abstand beobachtet und rannte nun auf die Raupe zu. Er signalisierte mir, ich solle aussteigen, kletterte selbst auf den Fahrersitz und rangierte das Gerät wieder in die Mitte der ziemlich ramponierten Spielwiese.

Ich machte mich aus dem Staub und freundete mich nach diesem Zwischenfall mit der Rammax RW 1402 an. Diese rustikale Rüttelwalze hatte vier Walzenräder, die mit stählernen Noppen besetzt waren. Das Gerät dient im Straßenbau dazu, Schotter zu »verdichten«, und wird beispielsweise eingesetzt, um den Untergrund von Gehwegen zu planieren, bevor sie asphaltiert werden. Ich schob den Rüttler auf einer Kiesfläche hin und her. Die Rammax gefiel mir, denn sie wollte nicht viel Aufmerksamkeit von mir, war einfach zu handhaben und gab mir dafür viel zurück, denn bei meiner Rütteltätigkeit wurde ich durch die Vibrationen der Walzen ordentlich durchmassiert.

Was würde ein Bauarbeiter wohl dazu sagen, dass ich viel Geld dafür bezahlt hatte, um in meiner Freizeit mit dem monströsen Rütteling durch die Gegend zu zuckeln? Irgendwie hätte ich Verständnis dafür, wenn er mir eine Schaufel über die Rübe zöge. Oder seinen Beruf wechselte und seine Baustelle zum Funpark erklärte.

Arnold war mittlerweile bei Station 17 angekommen, dem Quad-Geschicklichkeitsparcours. Er hüpfte mit dem geländegängigen Mobil über Schanzen, fuhr Slalom und balancierte über eine Wippe. Er hatte sich schon ziemlich eingesaut mit Schlamm. Ich winkte ihm mit meiner matschigen Hand zu und zeigte auf den Waldrand, wo ich mich in die Schlange für die Geländewagen stellte. Als ich an der Reihe war, wies mich der Copilot ein und reichte mir einen Helm, dann durfte ich endlich Gas geben. Der Copilot hieß Herbert, war ungefähr 70 und arbeitete am Wochenende ehrenamtlich als Geländewagenbeifahrer.

»Aber nicht zu viel Gas geben!«, bat Herbert, der ebenfalls einen Helm trug. Er hielt sich etwas verkrampft an der Beifahrertür fest, starrte ängstlich durch die Frontscheibe und biss die Zähne so fest zusammen, dass seine Wangenknochen heraustraten.

»Nicht so schnell, da vorne kommt eine Kurve«, flehte er, als ich mit 25 Stundenkilometern auf die erste Biegung zuschlingerte. Herbert erinnerte mich irgendwie an meinen Fahrlehrer. Würde er gleich von mir verlangen, dass ich seitwärts einparke?

»Ich dachte, man kann hier mal so richtig Gas geben«, klärte ich ihn über meine Absichten auf. »Dafür bezahlt man doch genug Geld.«

»Das denken viele«, ächzte er, »aber beim Gasgeben drehen schnell die Reifen durch. Und ich bin leider schon zu oft im Graben gelandet. Also bitte sachte.«

Herbert stand das nackte Entsetzen in den Augen. Bevor er derjenige war, der durchdrehte wie ein nasser Satz Reifen, ging ich vorsichtshalber etwas vom Gas.

Die Jeep-Strecke führte durch sumpfiges Gelände in den Wald, einen holprigen Forstweg hinauf, durchquerte ein paar Pfützen und ging dann wieder zurück zum Funpark. Leider konnte ich nicht ausprobieren, was der Wagen wirklich draufhatte, denn Herbert schien tatsächlich um sein Leben zu fürchten. Um das Auto musste er sich keine Sorge mehr machen, denn es handelte sich um einen alten, verbeulten Lada, bei dem ohnehin alles zu spät war. Mein Copilot war froh, als wir wieder in Richtung Bratwurstzentrum rutschten.

So ging das den ganzen Tag lang. Die Männer gruben, schoben, pflügten und matschten, die Frauen lächelten, filmten, lasen, rauchten und tranken Kaffee. Nachmittags setzte ich mich eine halbe Stunde zu ihnen, um ebenfalls Kaffee zu trinken und einen Kuchen zu verspeisen. Bratwurst und Bier mochte ich nicht, außerdem hätte ich alkoholisiert keinen Kran mehr bedienen können, da ich schon nüchtern Probleme damit hatte. Der Kaffee schmeckte, als stammte er aus einem Bohrloch, und der Kirschkuchen war matschig. Das lag sicher auch an den ungeschriebenen Gesetzen in diesem Matsch-Park.

Beim Anblick des unförmigen Kuchens fiel mir ein, dass Christian um diese Zeit üblicherweise mit seinen Kindern im Garten war. Während er Rasen mähte, formten seine Söhne Sandkuchen. Das brachte mich auf die Idee, ihn anzurufen, um mit meinen Sandkastengeschichten zu prahlen.

»Hallo, Christian, wie läuft's denn so beim Mähen? Rate mal, wo ich bin.«

»Keine Ahnung. Im Wildschweingehege? Im Hintergrund matscht und grunzt es irgendwie. Ich bin übrigens nicht beim Mähen, sondern beim Umgraben.«

»Ich auch – ich saß gerade in einem gigantischen Bagger und hab eine Tonne Erde umgegraben.«

»Glaub dir kein Wort.«

»Wart's ab, ich mach sofort ein Foto mit meinem Handy und schick's dir zu.«

»Ich bin sehr gespannt.«

»Das darfst du auch sein. Bis dahin!«

Es wurde schon dunkel, als ich mit dem Gefühl, ganz viel bewegt zu haben, zurück zu meinem Mietwagen schlurfte. Dabei hatte ich nicht mal gearbeitet, sondern bloß zum Spaß eine Menge Humus aufgewühlt, verschoben und verdichtet. Ich sah jetzt so aus wie der schlammige Mann vom Vormittag. Mein Schlammanteil war vielleicht noch etwas höher, er lag bei geschätzten 40 Prozent – den matschigen Kuchen und den Kaffeesatz mitgerechnet sogar bei 45 Prozent. Selbst hinter den Ohren und unter den Fingernägeln war brauner Matsch. Ich war ein Monster. Das Ding aus dem Sumpf. Vielleicht lag eine steile Karriere in der Horrorfilmbranche vor mir – zumindest aber eine heiße Dusche.

Unentschlossen stand ich vor dem nagelneuen Mietwagen, einem VW Golf. Jetzt hätte ich meinen Land Rover brauchen können. Den konnte man zur Not mit dem Gartenschlauch ausspritzen. Ich breitete Plastiktüten auf dem Sitz des Wagens aus und fuhr los in Richtung meiner Herberge, die in einem der Rode-Orte in der näheren Umgebung lag. Ich versuchte, möglichst wenig zu krümeln, was mir jedoch nur mäßig gelang.

Irgendwo zwischen Dingsbumsrode und Soundsorode, ich hatte gerade geistesabwesend ein Waldstück und anschließend eine Senke passiert, führte die Straße an einem kleinen Fluss entlang. Nebel stieg von der Wiese auf. Hier war ausnahmsweies ein Stück Wald gerodet worden, ohne dass anschließend ein Loch gegraben wurde! Plötzlich hatte ich das Gefühl, beobachtet zu werden. Waren das die Nachwirkungen der Rüttelmaschine? Bier hatte ich jedenfalls nicht getrunken. Ich fuhr langsamer und schaute noch mal nach links.

Acht Augen beobachteten mich. Sie gehörten zu vier Tieren in der Größe von Hunden oder Füchsen. Es war eine Gruppe von Waschbären. War ich denn nirgendwo vor diesen Biestern sicher? Die still glotzenden Tiere kamen mir unheimlich vor. Andererseits, laut glotzen konnten sie ja nicht. Und wenn hier einer unheimlich war, dann ja wohl dieser schlammverschmierte Typ mit dem irren Blick, der in einem Kompaktwagen auf schmutzigen Plastiktüten saß und beim Anblick von kleinen harmlosen Pelztieren fast eine Vollbremsung hinlegte.

Dann kam mir mit einem Schaudern ein übler Verdacht. Wollte die Waschbärenhorde ihren bemitleidenswerten Verwandten rächen, der in der Schorfheide unter den Reifen meines Autos gestorben war? Und wie hatte sich das bitte bis Kassel herumgesprochen? Das wollte ich mit diesen fiesen Raubtieren lieber nicht ausdiskutieren. Sie waren schließlich in der Überzahl. Bevor die Meute auf das Auto losging, die Reifen platt biss und mich massakrierte, gab ich lieber Gas und fuhr bis ins nächste Rode, ohne einen einzigen Blick in den Rückspiegel zu werfen.

Die Pension hieß »Zum Bären« und sah so sauber aus, als würde sie jeden Tag von außen mit dem Hochdruckdampfreiniger geputzt. Die Eternitplatten an der Fassade blitzten, die Dachrinnen blitzten, die Eingangstreppe blitzte, auch die Klingel, auf die ich nun drückte, blitzte. Optisch wie hygienisch war dieses Haus das Gegenteil von mir.

»Herr …?«, fragte der ältere Herr und öffnete dem Ding aus dem Sumpf zögernd die Tür. Er trug Hausschuhe, eine Art Hausmantel und hielt die Fernbedienung seines Fernsehers in der Hand. Offensichtlich hatte er gerade auf dem Sofa gesessen und feierlich das Abendprogramm mit einer Flasche Bier eingeläutet, als ich läutete. Im Hintergrund war Volksmusik zu hören.

»Arnu«, antwortete ich. »Entschuldigen Sie bitte, es ist etwas später geworden. Ich hatte eine Nacht gebucht.«

»Ich begrüße Sie recht herzlich zu diesem wunderbaren Abend. Lassen wir's krachen! Auf geht's!«

Die Stimme kam aus dem Wohnzimmer und gehörte zu dem Volksmusik-Fuzzi im Fernsehen. Mein Pensionsbesitzer schaute mich weniger herzlich an. Gut, ich sah aus, als hätte man mich in Dingsdarode geteert, ohne zu federn, und mich anschließend in den Wald gejagt. Aber war das so schlimm? Ich schaute verlegen auf den gekachelten Boden, anschließend auf die gekachelte Wand, den gekachelten Tresen und den gekachelten Couchtisch. Jede einzelne Kachel war hässlich, aber blitzblank poliert. Ja, es war schlimm.

»Hier muss es in den letzten Tagen ganz schön geregnet haben«, sagte ich, um von meinem Schlammproblem abzulenken.

»So, so.« Der Mantel-Mann war wohl, vielleicht zu Recht, der Meinung, ich solle mich weniger ums Wetter und dafür mehr um meine Hygiene kümmern. Er gab mir den Zimmerschlüssel, winkte kräftig mit dem Zaunpfahl – »Sie können gerne noch duschen!« – und verzog sich kopfschüttelnd zu seinen Jodlern.

Am nächsten Morgen hatte der Mann den Hausmantel immer noch an. Offenbar war das Teil seine Arbeitsuniform. Ich hatte mich ausgiebig entschlammt.

»Sie haben hier ein Waschbärenproblem«, eröffnete ich unsere morgendliche Konversation. Mein Gastgeber war in diesen frühen Stunden geradezu gesprächig, obwohl ihm ganz klar anzusehen war, dass ich ihm einigermaßen suspekt war. Immerhin hielt er mich im Gegensatz zum Abend vorher nicht mehr für einen gefährlichen Wahnsinnigen, sondern nur noch für einen harmlosen Irren.

»Das mit den Waschbären stimmt. Ist wirklich ein Problem hier«, sagte er versöhnlich. Und erzählte mir dann, dass nirgendwo sonst so viele Waschbären lebten wie in der Umgebung seiner Pension. 1937 waren bei irgendeinem Rode Waschbären ausgesetzt worden und hatten sich seitdem prächtig entwickelt. Im Stadtgebiet von Kassel wohnten umgerechnet auf die Fläche mehr Waschbären als in ihrem natürlichen Habitat in Nordamerika – bis zu 140 Tiere pro Quadratkilometer. Fachleute sprachen von der »größten urbanen Kleinbärenpopulation weltweit«.

»Kassel ist die Waschbärenhauptstadt Europas«, resümierte der Wirt nicht ohne Stolz.

Ich mochte nicht widersprechen, sah darin aber einen Grund, möglichst schnell in den Zug zu steigen, bevor es wieder dunkel wurde und mir eine gewaltbereite Waschbärenbande auflauerte.

GRÜNER WIRD'S NICHT
KOHLKÖPFE UND
MANGOLDWAHN

Auf der Rückfahrt aus Kassel kam es mir vor, als säße ich mit Zombies im Zug. Der Waggon war fast voll besetzt, aber es herrschte absolute Ruhe, ich fühlte mich wie in einer Aussegnungshalle. Die Menschen (falls es überhaupt Menschen waren) starrten mit ausdruckslosen Augen geradeaus, in ihren Gesichtern hing alles herunter. Vielleicht war ich noch im Waschbärenhotel und hatte gerade einen Alptraum? Ich schloss kurz die Augen, öffnete sie wieder und stellte fest, dass ich in einem ganz normalen deutschen Zug mit ganz normal schlechtgelaunten deutschen Menschen saß. Keiner sprach mit dem anderen, die Leute schauten aneinander vorbei, kein Mucks war zu hören. Es war also alles in Ordnung, ich war in der Wirklichkeit.

Mitten in die Totenstille hinein läutete ein Telefon.

Ich hasse diese Typen, die ihr Telefon zehnmal mit voller Lautstärke läuten lassen, bis sie endlich das Gespräch entgegennehmen, nur um dann zu schreien: »Ich bin gerade im Zug! Ja, Zug! Im Zu-hug! Ja. Was? Die Verbindung ist schlecht. Schlechte Verbindung! Wenn ich zu Hause bin, ruf ich dich an.«

Ich war gerade drauf und dran, mich so richtig aufzuregen, als ich merkte, dass es mein eigenes Handy war, das da scheppernd wie ein alter Wecker klingelte. Nervös fummelte ich es aus meiner Jackentasche. Christian war dran.

»Ich bin gerade im Zug!«, sagte ich, wahrscheinlich recht laut.

»Ich dachte, im Bagger. Es brummt so im Hintergrund.«

»Nein, das mit dem Bagger war gestern. Hast du das Foto bekommen?«

»Hab ich. Aber was war das für ein Gelände? Sah nicht nach einer Baustelle aus …«

»Die Verbindung ist auf einmal – chrrrchhchchchch – ganz schlecht«, sagte ich, um Zeit zu gewinnen, »da kommt gleich ein Tunnel. Ich ruf dich an, wenn ich zu Hause bin.«

Daheim angekommen legte ich mir eine Argumentation zurecht, mit der ich ernsthaft begründen wollte, warum ich in einer Art Vergnügungspark Bagger fahren musste, um gegen Christians Harley Davidson anzustinken. Die Argumente mussten sowohl meine Familie überzeugen als auch Christian sowie meinen Hund, der tödlich beleidigt war, dass ich ohne ihn zum Matschbuddeln abgehauen war. Zudem musste die Erklärung auch noch seriös klingen. Das war nicht einfach. Ich gelangte zu der Einschätzung, dass es günstiger gewesen wäre, zuerst die Begründung für meinen Ausflug zurechtzubasteln und dann loszufahren, aber dafür war es jetzt zu spät.

Gerade hatte ich eine Art Einstiegsidee für meine bestechende Argumentationskette gefunden, als Christian erneut mein Handy klingeln ließ.

»Bist du wieder im Zug oder im Bagger oder sonst wie verhindert?«

»Nein, zu Hause.«

»Danke für das Foto. Ich habe mir das noch mal genau angeschaut.«

»Beeindruckend, oder?«

»Na ja. Im Hintergrund kann man eine Fahne erkennen, auf der ›Männerspielplatz‹ steht.«

»Na und?«

»Ich bitte dich! Das ist ein Funpark für Vierzigjährige! Ein Disneyland für Möchtegern-Machos! Ein Sandkasten für Senioren! Ein … ein … ein lächerliches Loch.«

»Wie bitte? Die Verbindung ist auf einmal wieder ganz schlecht.«

»Kommt ein Tunnel? Ich dachte, du bist zu Hause.«

»Hör mal, ich muss jetzt schnell in den Garten. Mein Hund gräbt gerade das Beet um.«

»Sei doch froh, dann brauchst du keinen Bagger.«

»Hör auf! Depp! Aus! Pfui!«

»Ja, schon gut.«

»Entschuldigung, ich habe den Hund gemeint.«

»Ich habe übrigens wirklich unseren Garten umgegraben.«

»Und, hast du etwas gepflanzt?«

»Nein, mir ging's nur ums Graben! Ist gut für den Oberkörper. Projekt Waschbrettbauch, du weißt schon.«

»Wolltest du nichts anbauen?«

»Doch, ein paar Karotten und Salat. Aber nur zum Spaß. Wir haben neulich so eine Öko-Kiste bestellt, da bekommen wir jede Woche das frischeste Gemüse. Frischer geht's nicht.«

Christians Familie hatte schon seit längerem einen gewissen Grünstich. Seine Frau war bereits mit einer Schwäche für ökologische und esoterische Themen in die Ehe gekommen, aber in letzter Zeit häuften sich Verhaltensweisen, die aus meiner Sicht mehr und mehr an die Grenze zum Sektenartigen heranrückten. Möbel wurden streng nach Feng-Shui-Regeln aufgestellt, Fingernägel bei Vollmond geschnitten, und der linksdrehende Vollwertjoghurt wurde nur bei einem speziellen Bioladen gekauft. Wenn sich die Kinder verletzten – und sie verletzten sich oft –, wurden sie nach homöopathischen Methoden mit Zuckerkügelchen behandelt. Ich war mir lange Zeit nie ganz sicher gewesen, ob Christian selbst an all das glaubte oder ob er den Hokuspokus nur mitmachte, um anstrengende Diskussionen mit seiner Angetrauten zu vermeiden. Mittlerweile hatte ich allerdings den Verdacht, dass Christian tatsächlich einen ernstzunehmenden Bio-Spleen ausgebildet hatte. Er schwor auf ein bestimmtes Bio-Brot, gab seinen Kindern Bio-Limo, Bio-Honigpops und Bio-Gummibärchen, ja, er trank sogar nur noch Bio-Bier zum Bio-Knabberzeug. Und nun noch diese Bio-Kiste. Mir kam dieser Bio-Konsum etwas seltsam vor.

»Frischer geht's nicht?«, fragte ich. »Das geht schon. Indem du das Gemüse selber anbaust.«

»Vergiss es! Das schaffst du nie. Zu viel Arbeit. Da müsstest du mindestens Nebenerwerbslandwirt sein.«

»Bin ich sowieso. Ich besitze einen Traktor, Kleintiere und Land.«

»Ein Kleinbauer bist du höchstens von der Körpergröße her.«

»Sehr witzig.«

»Jetzt mal ernsthaft: Du müsstest dich wenigstens ein paar Stunden am Tag um deinen Acker kümmern, damit du dich und deine Familie selbst ernähren kannst.«

»Quatsch. Das schaffe ich nebenbei. Ist total einfach. Du wirst schon sehen.«

Und so hatten wir neben dem Haustierwettbewerb und dem Waschbrettbauchwettbewerb ab sofort auch einen Gemüsewettbewerb laufen. Das Motto lautete nicht »Unser Garten soll schöner werden«, sondern »Mein Garten soll möglichst viel Ertrag abwerfen«. In der Theorie war mir das Ziel klar: sich von selbst erzeugten Lebensmitteln ernähren. Aber wie kam ich in der Praxis dort hin? Leider war ich tatsächlich kein Bauer. Alles Praktische lag mir eher fern, so auch die Land- und Gartenarbeit. Den Großteil meines bisherigen Lebens hatte ich an Schreibtischen verbracht, und wenn ich etwas umschichtete, waren das keine Erdschollen, sondern Textabschnitte, und wenn ich etwas jätete, dann kein Unkraut, sondern unpassende Adjektive und überflüssige Doppelpunkte.

Als Kind hatte ich viel Zeit in unserem Garten verbracht, aber meine Energie hatte ich dort weniger auf Pflanzen und Pflegen verwendet als auf das Bauen von funktionstüchtigen Vulkanen aus Sand (mit rauchenden Schloten und Lava-Simulation per schnell fließendem Matsch), auf das Herumgammeln in der Sonne sowie auf das Schnitzen von Pfeil und Bogen aus Haselnussholz. Meine Mutter hackte und jätete währenddessen, wofür ich mich damals nicht so richtig begeistern konnte. Auch die Früchte ihrer mühsamen Arbeit lockten mich in sehr geringem Maße. Außer den Erdbeeren, den Äpfeln, den Möhren und dem Salat mochte ich kaum etwas, was aus dem Garten auf unseren Tisch kam: Blumenkohl, Broccoli, Kohlrabi, Wirsing, Zwiebeln, Knoblauch und noch viele andere stinkende Gemüsesorten, die von Kindern traditionellerweise gehasst werden.

Und genau dieses Zeug wollte ich nun fachgerecht in meinem eigenen Garten großziehen, um mich davon zu ernähren. Oder es zumindest versuchen. Was ich dafür brauchte, war ein Schnellstudium der Landwirtschaft. Zur Grundausbildung, die ich in einer halben Stunde durchzog, gehörte das Durchackern des Buches *Leben auf dem Lande*. In diesem Standardwerk der Selbstversorgung schildert John Seymour akribisch, wie er einen Bauernhof nach ökologischen Gesichtspunkten beackert und damit sich und seine Familie ernährt. Er spricht von Jahresplänen, Fruchtfolgen, der Errichtung von Scheunen, Schuppen und Ställen und umreißt grob die Größe der Koppeln und Felder. Aber jede Art der im Buch beschriebenen Selbstversorgungslandwirtschaft erschien mir als viel zu großspurig für meine bescheidenen Zwecke. Denn ich hatte weder die Zeit noch die handwerkliche Kompetenz, Zäune zu bauen und Äcker umzupflügen. Um auch nur ein halbwegs ernsthafter Kleinbauer zu werden, hätte ich Wiesen pachten, Nutztiere halten und Geräte kaufen müssen. Und schon gar nicht konnte ich Jahrespläne erfüllen, ich war ja nicht die Landwirtschaftliche Produktionsgenossenschaft »Frohe Zukunft Mangold«.

Nein, ich war auf mich selbst gestellt, und ich hatte für mein Gartenprojekt allenfalls ein paar Monate Zeit.

Ein Arbeitspferd anschaffen? Hühner halten? Ein Schwein mästen und schlachten? Diese tierischen Optionen warfen sicher fette Erträge ab, schieden aber grundsätzlich aus. Erstens war mir das viel zu aufwendig, der verhaltensauffällige Hund reichte mir völlig. Und zweitens konnte ich kein Blut sehen. Bevor ich einem Huhn den Kopf abhackte, würde ich es begnadigen und zur zweitbesten Freundin ernennen. Somit stand fest, dass ich zum Zwangsvegetarier werden würde. Falls es überhaupt in absehbarer Zeit zu einer nennenswerten Ernte käme.

Unser Garten ist nicht besonders groß und stellte bisher eher einen Zier- als einen Nutzgarten dar. Rasen, Rosen, Kräuter, Stauden – das Übliche. Für mein Projekt musste sich das ändern. Ich bereitete eine drei mal vier Meter große Fläche für den Gemüseanbau vor, rechte die Erde glatt und düngte das Beet mit Kompost. Den Garten konnte ich nach Belieben umgestalten und großflächig verwüsten, denn ich war der einzige, der regelmäßig darin werkelte – meine Frau und meine Kinder nutzten ihn lediglich zum Sonnen und Faulenzen in der Hängematte.

Für eine Person müsste die überschaubare Anbaufläche, die ich umgegraben hatte, ja genügen, dachte ich, und fuhr hochmotiviert zum Gartenmarkt, um Samen und Pflanzen zu kaufen. Aussehen und Geld spielten keine Rolle. Das Zeug sollte schnell wachsen und satt machen.

Mein Startkapital waren sechs kleine Mangoldpflänzchen, sechs Mini-Kohlpflanzen, Samen für Rucola, Eissalat, Eichblattsalat, zwei Hokkaido-Kürbispflanzen und vier Tomatenpflänzchen. Die Pflanzen passten problemlos in eine kleine Pappkiste. Es schien schwer vorstellbar, dass hieraus mal eine sättigende Menge Grünzeug werden sollte. Zumal Salat und Gemüse sowieso nur satt machen, wenn man sehr viel davon futtert.

Ich legte ein kleines Kräuterbeet an, pflanzte den Kohl, den Mangold und den Salat in das Gemüsebeet und setzte die Kürbisse auf einen alten Komposthaufen, wie es im Fachbuch beschrieben war. Mein Hofhund Bruno half mir, indem er alles, was ich eingrub, wieder ausbuddelte. Dann grub ich es wieder ein. Ein blödes Spiel. Ich drohte ihm, seine halb verfaulten Knochen wieder auszugraben, die er im Garten versteckt hatte, wenn er nicht damit aufhörte. Aber Hunde sind mit einer Wenn-dann-Pädagogik meistens überfordert. Vielleicht wusste Bruno auch instinktiv, dass mir nicht wirklich daran gelegen war, sein ekelhaftes Zeug aus der Erde zu holen. Glücklicherweise war er das einzige Familienmitglied, das gerne seine Freizeit mit dem Vergraben von leblosen Körperteilen verbrachte.

Das eingegrabene Grünzeug dagegen erschien mir gleichermaßen wertvoll wie zunächst mal kümmerlich. Entsprechend setzte ich große Hoffnungen in die Pflänzchen.

Ich verbrachte in den folgenden Wochen viel Zeit in meinem Minigarten, um die Pflanzen beim Wachsen anzufeuern. Um mich fit zu halten und den Wellnessfaktor zu erhöhen, legte ich sogar einen Teich an, komplett mit Seerosen und einer Fontäne, die per Solarenergie betrieben wurde. Dann stellte ich eine Bank neben den Teich und beobachtete weiter das Gemüse. Wir freundeten uns langsam an, das Gemüse und ich.

Eines Tages ertappte ich mich sogar dabei, dass ich mit den Pflanzen redete. »So ist's gut«, sagte ich zu dem Mangold, der das Unkraut verdrängt hatte. »Hier musst du lang!«, riet ich der Kürbispflanze, die sich in Richtung Zaun rankte, nahm sie in die Hand und leitete sie zurück in Richtung Beet. »Gut so, weitermachen!«, befahl ich den Tomaten.

Anna hatte mich vom Fenster aus beobachtet und war etwas verstört.

»Habe ich das gerade richtig gedeutet – du redest mit deinem Gemüse?«

»Ähm, ich habe eine wissenschaftliche Untersuchung gelesen, die besagt, dass den Pflanzen eine persönliche Ansprache hilft.«

»Und ich habe eine wissenschaftliche Untersuchung gelesen, die besagt, dass Erwachsene, die mit Kürbissen reden, ballaballa sind.«

»Ich meine es doch nur gut.«

»Ich auch. Mir wäre es lieber, du würdest dich mit *mir* so nett unterhalten statt mit deinem Gemüse.«

Abgesehen von dem zunehmenden Unverständnis seitens meines sozialen Umfeldes fühlte ich mich wohl auf meinem Feld. Mein Job als Nebenerwerbsgemüsebauer erschien mir bislang recht bequem zu sein. Ich ging meinen normalen hauptberuflichen Tätigkeiten nach, dem Schreiben und Gassigehen, und das Gemüse ging seinen hauptberuflichen Tätigkeiten nach, nämlich dem Wachsen und Gedeihen. Eine perfekte Balance, die irgendwann kippen würde, hoffentlich zu meinen Gunsten. Ab und zu schaute ich nach, ob das Gemüse noch da war und ob es Durst hatte. Um meinen eigenen Durst musste ich mich selbst kümmern, aber nun gut. Was will man von Gemüse schon erwarten.

Die Zeit verging, es regnete lange, was mich freute, denn dann musste ich nicht dauernd gießen. Als es dann doch mal aufhörte zu regnen, ging ich in den Garten, um die Pflänzchen zu tätscheln und zu bewundern, wie groß sie schon geworden waren. Leider musste ich feststellen, dass sie weg waren. Nur der Kohl war noch da, allerdings sah er so durchlöchert aus, als hätten schießwütige Mini-

Cowboys ihn als Übungsziel missbraucht. Wo der Mangold gestanden hatte, waren lediglich Gerippe zu sehen, der Salat bestand nur noch aus Stümpfen, eine Kürbispflanze war wie vom Erdboden verschluckt, die zweite sah aus wie nach einem Granateneinschlag.

Rund um die Stellen, an denen früher mal junge Pflanzen einer blühenden Zukunft entgegengestrebt waren, entdeckte ich Schleimspuren. Verdammt: Schnecken! Ich hatte diese Biester noch nie besonders gemocht, nicht mal mit Kräuterbutter. Aber das hier ging zu weit. In blinder Wut packte ich eine Hacke und zerstückelte die widerlichen Monster, einige schleuderte ich mit dem Spaten in hohem Bogen Richtung Baustelle auf dem Nachbargrundstück, wo gerade das Fundament betoniert wurde. Womöglich war an der Wand des nachbarlichen Weinkellers nun eine interessante schneckenförmige Maserung zu bewundern. Vom Design-Standpunkt aus gefiel mir das, moralisch hatte ich mich in eine fragwürdige Situation begeben. Ich war auf dem Weg zum Vegetarierdasein zu einem Schnecken-Massenmörder geworden.

Mein Öko-Selbstversorgungsbuch half mir beim Schneckenproblem nicht viel weiter. Dort war von gemischten Pflanzungen die Rede, die angeblich gut waren gegen Schädlinge, aber das schien mir ideologisches Gefasel zu sein. Schnecken fraßen einfach, was ihnen schmeckte, und Mangold, Kürbis, Salat und Kohl mundete ihnen offensichtlich bestens. Als ich entdeckte, dass sie mir auch einen kompletten Basilikumstrauch weggefressen hatten, entschloss ich mich, noch härtere Saiten aufzuziehen, und kaufte Schneckenkorn. Jetzt herrschte Krieg.

Das Schneckenkorn war angeblich total biologisch und für den Rest der Welt ungiftig, aber bei Schnecken sollte es hochwirksam sein. Ich ließ die Körnchen auf das Beet rieseln und verzweifelte dabei innerlich an der philosophischen Frage, ob ein ökologischer Giftmord moralisch weniger verwerflich war als ein handfester, mechanischer Spatentod.

Eine Stunde später waren die grünlichen Körnchen komplett verschwunden. Die Schnecken aber lebten immer noch. Das Problem bestand darin, dass unser gefräßiger Hund auf alles ansprang, was aus raschelnden Verpackungen kam und halbwegs futterartig wirkte. Er hatte schon mal einen ganzen Adventskalender verzehrt, inklusive Aluverpackung. Das Schneckenkorn lockte Tiere also tatsächlich magisch an, allerdings die falschen. Zum Glück stellte sich heraus, dass unser Hund einen absolut unempfindlichen Magen hatte und die leckere Biogiftvorspeise ihm nichts anhaben konnte.

In einem Fachmagazin erfuhr ich, dass sich Hobbygärtner indische Laufenten mieten konnten, bei einem Entenverleih. Die Laufenten sind ganz wild auf Schnecken.

Allerdings hatte ich ein Tier, das ganz wild auf Laufenten war – meinen Hund Bruno, der biologisch bedingt auf gefiederte Beute abfuhr, denn er hatte Labradorgene im Blut. Labradorhunde sind für die Entenjagd gezüchtet. Die Leihente kam also nicht in Frage.

Im Gartenmarkt meines Vertrauens, den ich nun fast täglich besuchte, kannte ich mich in der Schädlingsbekämpfungsabteilung bald recht gut aus. Die Verkäuferin, eine 50-jährige Wasserstoffblondine mit Gleitsichtbrille, hielt mich wahrscheinlich für einen gefährlichen Freak, der mit Düngern und Pflanzengiften in seinem Kellerlabor an Bomben bastelt. Sie beobachtete mich, wie ich vor dem Giftschrank stand und die Aufschriften der Flaschen studierte. Langsam ging sie auf mich zu. Sie wirkte bedrohlich, oder bildete ich mir das nur ein? Ich rechnete fest damit, dass sie das BKA, das FBI und den KGB informiert hatte. Da, dieser Opa mit dem Tirolerhut hinter dem Stapel mit den 50-Liter-Packungen Rindermulch, war das nicht ein Geheimagent?

»Schnecken?«, fragte die als Gartenmarktfachverkäuferin verkleidete Geheimdienstchefin.

»Schnecken?«, wiederholte ich, was nicht sonderlich schlagfertig war. Aber ich hatte ja damit gerechnet, sofort erschossen zu werden, ohne die Möglichkeit, mich zu rechtfertigen.

»Sie – haben – Schneckenproblem?«

Offenbar hielt sie mich immer noch für einen gefährlichen Ausländer, und mit denen redet man schließlich so, wie jeder weiß. Immerhin lag sie inhaltlich richtig. Ich hatte viele Probleme, zum Beispiel ein Waschbärenproblem, außerdem ein Waschbrettproblem sowie ein Hundeproblem. Und ja, ein massives Schneckenproblem.

»Ja, das kann man wohl sagen«, antwortete ich, »und ich habe schon alles ausprobiert, was Ihr Giftschrank hergibt, sogar den *Schnellen Schneckentod ultra*. Den Schnecken scheint das Zeug gut zu bekommen. Meinem Hund übrigens auch.«

»Was Sie brauchen, ist ein Schneckenzaun.«

Sie führte mich zu einem Regal, in dem Bauteile aus Aluminium lagen, mit denen man eine Art Hochsicherheitstrakt für Pflanzen bauen konnte. Die scharfkantige Barriere war angeblich eine unüberwindbare Hürde für die schlimmen Schleimer.

»Danke für den Tipp! Gekauft.«

Mit Metallteilen im Wert von 100 Euro sowie Ersatzpflanzen für die Wiederaufforstung bog ich in die Kassenschlange ein. Das Gemüseexperiment hatte mich schon mehr gekostet als zehn Öko-Gemüsekisten, und ich hatte noch keinen Erfolg vorzuweisen. Das musste sich ändern.

Das Gemüse-Gefängnis brachte die Wende. Der Mangold und der Kohl wuchsen ungehindert, die Tomatenpflanzen kletterten an den Bambusstangen empor; der Salat explodierte geradezu. Rund um den scharfen Metallzaun hatte ich eine zweite scharfe Abwehrlinie aufgebaut, bestehend aus Rucola, Knoblauch, Schnittlauch und Zwiebeln. Schnecken mundet so etwas nicht, stand in meinem Selbstversorgungsratgeber. Erstaunlicherweise hielten sie sich an diese Regel.

Anfang September war das Beet so prächtig bewachsen, dass ich dringend ernten musste. Die Zeit war reif, endlich meine Gemüsediät zu beginnen. Anna und die Kinder waren verreist, was einige Vorteile hatte, denn für vier Leute hätte das Zeug erstens nicht gereicht, zweitens hätte ich es nicht ertragen, als Einziger auf Brot, Käse, Fleisch, Nudeln, Wein und Schokolade zu verzichten. Der Rest der Familie hatte mich nämlich zum Gemüsespinner erklärt und sich rasch von dem Selbstversorgungsprojekt distanziert.

Als Erstes erntete ich einen Eimer voll Mangold, ein paar Zwiebeln und Kräuter, dazu Rucola und Tomaten. Ich kochte das Gemüse und machte mir einen Salat aus den Tomaten und dem Rucola. Das Menü schmeckte hervorragend, bildete ich mir ein, und ich bildete mir auch ein, satt geworden zu sein. Das war am Montag.

Am Dienstag wachte ich mit knurrendem Magen auf. Statt Brot und Kaffee gab es allerdings Pfefferminztee, Mangold, Tomaten und Rucola. Mein Mittagessen: Tomaten und Rucola, mit Mangold. Ausnahmsweise genehmigte ich mir zum Abendessen Tomaten ohne Rucola, dafür aber eine Extraportion Mangold. Meine Zähne fühlten sich komisch an, die Laune war noch im Bereich des Erträglichen. Ich beneidete den Hund um sein Trockenfutter. War das ein schlechtes Zeichen?

Mittwoch: Zum Frühstück gab es einen Apfel, den ich beim Spazierengehen gefunden hatte, dazu Tee mit Pfefferminze aus dem Garten. Alles sehr erfrischend, aber es machte nicht satt. Leider musste ich vormittags einkaufen gehen, da das Hundefutter alle war. Beim Tantalus-Gang durch die Supermarktregale schielte ich auf Trauben, Melonen, Mozzarella, Joghurt, Fisch, Steaks, Schinken, Schokolade, Wein … Der Duft von frischgebackenem Brot und Leberkäse stieg mir in die Nase. Schnell rannte ich mit dem Hundefutter zur Kasse und flüchtete anschließend in meinen Garten. Betrübt betrachtete ich den Komposthaufen, auf dem ein rötlich glänzender Kürbis heranreifte. Ich stellte ihn mir als Cremesuppe vor. Oder als Beilage zu einem Steak. Oder als Füllung von selbst gemachten Ravioli, mit geschmolzener Butter und Parmesan, als ersten Gang vor dem gegrillten Fisch. Zum Mittagessen gab es aber Gemüsesuppe, diesmal bestehend aus Kohl und Zwiebeln, mit Koriander und Liebstöckel gewürzt. Es schmeckte nicht schlecht, aber ich fühlte mich irgendwie verkohlt. Immerhin bemerkte ich auch erste positive Effekte: Der Hunger nahm zwar zu, der Bauchspeck dafür schon spürbar ab. Donnerstag: Ich erwischte den Hund dabei, wie er eine reife Tomate vom Strauch weg fraß! Und spielte mit dem Gedanken, ihm sein Trockenfutter wegzufressen. Das soll sehr nahrhaft sein, stand auf der Packung, alle Vitamine sind da drin, die man so braucht als Hund. Und es macht vielleicht satt. Und wie schmeckt eigentlich Hund? Mit Mangoldsauce sicher nicht schlecht.

Freitag: Mangold, Mangold, Mangold. Das Zeug wuchs wie verrückt, aber da ich es dreimal am Tag futterte, ließ meine Begeisterung doch recht bald nach. Ich stellte mir vor, wie es gewesen wäre, wenn ich statt Mangold Mangos angebaut hätte. Überhaupt schlug mir das Gemüseessen zunehmend aufs Gehirn, denn meine Gedanken wurden immer wirrer. Wenn ich einen Weg finden würde, Man und Gold zu trennen, wäre ich ein reicher Mann. Ich überlegte auch, die Mangoldblätter zu trocknen und zu rauchen, denn das wäre mal ein anderer Weg, das Zeug zu mir zu nehmen. Ich hatte noch andere Mangoldphantasien, die jedoch nicht darüber hinwegtäuschen konnten, dass mir Mangold und alles andere Grünzeug aus dem Hals heraushingen. Einen grünen Daumen hatte ich wahrscheinlich nicht, aber ganz sicher einen grünen Gaumen.

Und dann, am Samstag, nach nur fünf Tagen Extrem-

Gemüsediät, passierte es. Ich fühlte mich gut, leicht, wie auf Drogen. Kein Wunder, ich hatte ja praktisch nur Gras konsumiert. Meine Haut war glatt, ich spürte den Hunger nicht mehr, und ich hatte das Gefühl, zehn Jahre jünger zu sein.

Euphorisch rief ich Christian an, und wir verabredeten uns zu einem 20-Kilometer-Lauf.

Gegen Abend liefen wir locker los, und die ersten fünf Kilometer verbrachte ich damit, meinem Freund zu erklären, warum ich Veganer geworden sei und das auch bleiben wolle.

»Veganer? Jetzt spinnst du aber wirklich.«

»Nein, ehrlich. Ich habe mich jetzt eine Woche nur pflanzlich ernährt und fühle mich viel besser. Nicht nur körperlich. Auch moralisch.« Das Schnecken-Massaker verschwieg ich vorsichtshalber.

»Du spinnst.«

»Aha. Und wer musste neulich das Wohnzimmer umräumen, wegen diesem Feng-Shui-Dings?«

»Du spinnst.«

Nach einer halben Stunde wurde ich etwas schwächer und langsamer. Christian gab nun Gas, legte Zwischenspurts ein und ließ nebenbei einfließen, dass er an eine Atlantiküberquerung im Segelboot dachte. Oder zumindest an einen Segeltörn in der Karibik. Plötzlich hatte ich das Gefühl, als würde es bald zum Showdown kommen.

Würden wir uns prügeln? Mir war schon ganz schlecht. Vor Wut, wie mir schien. Aber es war nur der Hunger.

Nach nur neun Kilometern konnte ich nicht mehr. Mir stand kalter Schweiß auf der Stirn, ich fing an zu zittern und musste mich setzen.

»Hier, nimm«, sagte Christian, »ist rein pflanzlich.« Er reichte mir einen Müsliriegel. Der war zwar nicht in meinem Garten gewachsen, aber die Zucker-Nuss-Dosis half mir sofort.

Christian schlug vor, nach dem abgebrochenen Lauf erst mal vernünftig essen zu gehen, und lud mich in die Pizzeria unseres Ortes ein. Ich bestellte eine Lasagne mit Hackfleisch. Meine Veganerkarriere war damit beendet. Und ich hatte wieder einmal verloren, nicht nur an Gewicht.

»Wenn ich mich das nächste Mal so einseitig ernähre, dann mit Sushi und Champagner«, sagte ich kleinlaut zu Christian.

»Genau. Oder du isst nur noch Walfleisch und Kaviar.«

»Eigentlich brauche ich nur Luft und Liebe.«

»Man sieht's. Dein Teller ist schon leer.«

»Nein, im Ernst«, behauptete ich. »Ich könnte allein von Luft und Liebe leben, wenigstens eine Zeitlang.«

»Wie meinst du das?«

»Wie Michel Houellebecq in *Elementarteilchen*. Ferien in so einem Nudistencamp machen. Sich frei fühlen.«

»Nackt unter Tausenden Nackten? Da würde ich mich eher unfrei fühlen. Da kriegst du doch Beklemmungen!«

»Auf einem Segelboot würde ich Beklemmungen kriegen.«

»Du hast doch keine Ahnung. Du, du … Elementarteilchen!«

»Selber Elementarteilchen.«

NACKT AM GRILL
PARTY IM NUDISTENCAMP

An der Rudermaschine kamen mir Zweifel. Mir kamen relativ oft Zweifel, aber diesmal waren sie wirklich massiv. Was tat ich hier eigentlich? Ich zog Gewichte hin und her, die an einem Stahlseil befestigt waren, und starrte dabei auf einen Monitor, auf dem ich kontrollieren konnte, ob ich die Bewegung auch vorschriftsgemäß ausführte.

Wieso ließ ich mir von einer Maschine Vorschriften machen? Wieso ruderte und ruderte ich, kam aber keinen Zentimeter voran? Plötzlich erschien mir das Trockenrudern wie ein Sinnbild für meine Bemühungen, mich gegen das fortschreitende Alter zu wehren. Ich strampelte mich ab und absolvierte einen absurden Wettkampf nach dem anderen, wobei ich mich mit einem anderen Mann in der Midlife-Crisis maß – und wozu das alles? Von der

Stelle kam ich auf diese Weise genauso wenig wie mit der Rudermaschine, die fest am Boden verschraubt war – sosehr ich mich auch bemühte.

Was trieb mich überhaupt ins Fitness-Studio? Die Stärkung der Rückenmuskulatur natürlich, der dortige Wellnessbereich und das Projekt Waschbrettbauch. Um es mit den Worten des 42 Jahre alten Lester Burnham aus »American Beauty« zu sagen: »Ich will nackt gut aussehen.« Schließlich hatte ich Christian gegenüber behauptet, ich könnte problemlos einen Urlaub in einem FKK-Camp verbringen. Und genau das wollte ich tun: Das Nackthotel in Cap d'Agde in Südfrankreich, der größten Nudistenkolonie Europas, war schon gebucht. Also weiterrudern!

»Gut so, weiter!«, sagte eine strenge Frauenstimme von hinten. »Den Rücken etwas gerader! Super.«

»Mpf. Okay. Danke«, brachte ich ruderstoßweise heraus. Strengen Frauenstimmen glaube ich alles. Besonders wenn sie von Frauen kommen, die Bizepse, Trizepse, Quadrizepse und sonstige Zepse vorweisen können, die fest sind wie Stahl. Meine Zweifel waren plötzlich wie weggeblasen. So einfach ging das also.

Beim Duschen im Wellnessbereich tauchten die Zweifel dann wieder auf. Ich blickte in den Spiegel und sah durch den Dunst einen Mann mittleren Alters, der sehr weiß und sehr behaart war. Er war nicht fett und nicht

dünn, nicht groß, eher klein, nicht besonders muskulös, aber auch keineswegs schwabbelig. Wollte ich mich
so vor Tausenden von braungebrannten jungen Menschen aus aller Welt am Strand präsentieren? Nackt? Ich
spielte mit dem Gedanken, die Reise abzusagen. Dann
spielte ich mit dem Gedanken, eine Ganzkörperent-
haarung über mich ergehen zu lassen. Dann spielte
ich noch mit dem Gedanken, in einer Badewanne voller Selbstbräunungscreme zu baden. Anschließend verwarf ich alles wieder, fuhr nach Hause und begann zu
packen.

Ich war schnell fertig. Eine kleine Reisetasche genügte.
Tagsüber würde ich so gut wie nichts zum Anziehen
brauchen, und abends müsste es noch warm genug sein,
um in Jeans und T-Shirt herumzulaufen. Cap d'Agde lag
schließlich in Südfrankreich, und dort war es im Spät-
herbst, wenn bei uns morgens schon der Raureif auf den
Mangoldpflanzen lag, noch angenehm warm, um die 30
Grad. Dachte ich zumindest.

Ich dachte mir überhaupt so einiges über Cap d'Agde,
was mit der Realität nicht unbedingt übereinstimmen
musste. Zum Beispiel dachte ich, Freikörperkultur habe
etwas mit Freigeistern, Freiheit und Freibier zu tun.
Ich stellte mir freidenkende und freizügige junge Menschen vor, die unter freiem Himmel eine Party feierten,

bewusstseinserweiternde Pflanzen rauchten – und mich nicht für zu alt hielten, um an dem Freiheitsfest teilzunehmen.

Eine strenge Frauenstimme schreckte mich aus den Gedanken auf. »Bitte stellen Sie die Rückenlehne gerade!«, sagte die Stewardess. Ich gehorchte sofort, allerdings nicht ohne zu murmeln: »So viel zum Thema Freiheit.«

»Wie bitte?«, fragte die strenge Stimme.

»Ach nichts, ich habe nur laut gedacht.«

Freibier, andere Freigetränke oder sonstige Freiheiten gab es im Flieger übrigens nicht.

Michel Houellebecq beschreibt Cap d'Agde in seinem Roman *Elementarteilchen* als »sexuell sozialdemokratisch«. Auf dem Flug nach Montpellier las ich noch mal nach, was mich an meinem Ziel erwartete: »*Letztlich ist es ein Ort mit einem spezifischen soziokulturellen Angebot, das vor allem deshalb erstaunlich ist, weil sein Bezugsrahmen nicht in irgendeinem Vorschriftenkatalog festgelegt zu sein scheint, sondern nur auf der Grundlage konvergierender individueller Initiativen beruht.*« Aha. Irgendwie klang diese Schilderung auch durch wiederholtes Lesen nicht besonders prickelnd. Aber hatte Houellebecq nicht auch über krasse Swingerpartys und wilden Sex am Strand geschrieben? Ich suchte nach expliziten Stellen im Roman, fand aber nur lauter philosophische Überlegungen über das Ende der Zivilisation und ausschweifende Beschreibungen über psychische Wracks. Bevor ich mir durch phantasiereiche Eigenleistung ein plastisches Bild von dem Nudistenzentrum machen konnte, setzte der Pilot schon zur Landung an.

Während das Flugzeug eine Schleife über dem Meer drehte und dann seinen Sinkflug begann, spähte ich aus dem Fenster und sah die Ferienanlagen von Cap d'Agde. Das Ensemble aus Hochhäusern, Einkaufszentren und Campingplätzen war von hier oben aus nicht gerade ein Anwärter für den Preis »Unser Dorf soll schöner werden«. Es handelte sich um eine Retortenstadt, die in den 70er Jahren entstanden war, bestehend aus Betonklötzen, Reihenhäusern und einzelnen Bungalows. Wie ich seit meiner Recherche wusste, konnte das »Quartier Naturiste« 40 000 FKK-Touristen beherbergen – es war die Welthauptstadt der Nackten.

Als ich mit meiner Minitasche aus dem klimatisierten Flughafengebäude trat, um zur Bushaltestelle zu laufen, rechnete ich damit, von Hitze erschlagen zu werden. Hitze war hier aber nicht zu Hause. Stattdessen war es draußen erschreckend kühl. Frischer Wind blies vom Meer her über den Parkplatz, dazu war es staubig und laut. Über meinem Kopf kreiste eine Möwe. Sie lachte mich aus. Oder bildete ich mir das nur ein? Wenn jetzt mein Hund da wäre, würde er dem blöden Vogel schon zeigen, wer hier nichts zu lachen hat. Mein Hund durfte aber nicht mit, denn als Pelztier hatte er in einem FKK-Zentrum nichts verloren.

Nach einer Stunde Bus- und Taxifahrt hatte ich mein Reiseziel erreicht. Der Eingang zum FKK-Gelände war so gut bewacht wie ein militärisches Sperrgebiet, die Nudistenstadt war rundum von meterhohen Zäunen umgeben. Wenn die Freikörperkultur etwas mit Freiheit zu tun hat, dachte ich, dann ist das nur sehr schwer von außen zu erkennen.

Am Haupteingang gab es Schranken und Pförtnerhäuschen. Das schmucklose Rezeptionsgebäude aus unverputztem Beton erinnerte an eine Grenzstation, wie sie an der früheren Ostblock-Grenze existiert haben könnte. Und die Dame, die hinter der Panzerglasscheibe saß, erinnerte an eine DDR-Parteifunktionärin oder eine sowjetische Eiskunstlauftrainerin. Sie blickte misstrauisch über ihre grün umrandete Brille, schob mir ein englischsprachiges Informationsblatt über den Tresen und sagte auf Französisch: »Lesen Sie das durch.«

Ich nickte und gehorchte, allein schon deswegen, weil es schien, dass sie mich sonst womöglich sofort festnehmen und in den Nackt-Folterkeller hätten abführen lassen, der im »Quartier Naturiste« angeblich tatsächlich existierte. Wie es hieß, gab es dort sogar ein Andreaskreuz, an das nackte Menschen gefesselt wurden. Vielleicht hatte ich aber auch bei der Informationsbeschaffung auf unseriöse Quellen vertraut.

Das Informationsblatt war eine Auflistung der knapp hundert Regeln, die kein Zuwiderhandeln tolerierten: In den Kaufhäusern, Restaurants und Cafés war Nacktsein erlaubt. Am Strand war Nacktsein Pflicht. Das Fotografieren und Filmen nackter Menschen war auf dem gesamten Areal verboten; immer wieder wurden Männer verhaftet, die irgendwo eine Kamera versteckt hatten. Grillen am Strand und Sex in der Öffentlichkeit waren ebenfalls nicht gestattet. Hatte Houellebecq etwa alles nur erfunden? War er etwa auch unseriös? Immerhin war er meine Hauptquelle, der eigentliche Verführer zu dieser Wahnsinnstat. Ich beschloss, die Klärung der Frage in meine Vor-Ort-Recherche aufzunehmen, und las weiter.

Tagesbesucher mussten Eintritt zahlen. Für fünf Euro bekamen Gäste eine Plastikkarte, mit der sie das Reich der Nackten betreten durften, spätestens um 20 Uhr mussten sie es wieder verlassen. Alleinstehende Männer, die mit einer kleinen Tasche anreisten, wurden besonders kritisch beäugt. Als ich glaubhaft nachweisen konnte, dass ich in einem seriösen Nackthotel am Rande der FKK-Stadt ein Zimmer gebucht hatte, entspannte sich die Wärterin etwas, stellte mir missmutig meine Zugangskarte aus und ließ mich endlich passieren. Trotz solcherlei Unannehmlichkeiten hatte ich Verständnis für die strengen Zugangskontrollen, schließlich wollte auch ich kein Opfer von Spannern werden.

Auf dem Weg vom Parkplatz zum Eingang begegnete ich zuerst einem Müllmann, der mit einem Overall, Handschuhen und Stiefeln bekleidet war. Dann kam ein etwa 70-jähriger Mann auf einem Klappfahrrad um die Ecke gebogen. Er trug nichts außer einem rosa-weiß karierten Hut, einer monströsen Sonnenbrille und einem Baguette, das er unter die Achsel geklemmt hatte. Über den Sattel hatte er, wohl aus hygienischen Gründen, mit einem Gummiband eine Plastiktüte gespannt. Ich fragte mich, ob das Brot noch knusprig war und nicht ziemlich seltsam schmeckte, wenn er an seinem Ziel angekommen war. Der nackte Opa grüßte erst den Müllmann, dann mich, indem er, ohne mit der Wimper zu zucken, seinen baguettelosen Arm hob. Wir waren nur zwanzig Meter von der Schranke zur Außenwelt entfernt. Diesseits der Schranke galt das Verhalten des Nacktradlers als völlig normal, jenseits der Schranke wäre er wahrscheinlich ziemlich bald psychologisch betreut worden.

An einem fünfstöckigen Parkhaus und einer Müllsammelstelle entlang ging mein Weg über Parkplätze in Richtung Hotel. Das von der Außenwelt abgeschottete »Quartier Naturiste« ist keine besonders schöne Stadt, und die obligatorische Nacktheit ihrer Bewohner macht sie nicht gerade hübscher. Ein asphaltierter Parkplatz mit Schlaglöchern und Müllcontainern wird nicht unbedingt schöner, wenn ihn eine nackte übergewichtige Mutter überquert, zusammen mit zwei nackten übergewichtigen Söhnen und vollgepackt mit Einkaufstüten, Klopapier und Plastikwasserflaschen. Sie stritten darüber, ob es okay war, gleichzeitig Chips und Softeis zu essen – die beiden Jungs fanden das in Ordnung, die Mutter nicht.

Etwas desillusioniert kam ich im Foyer des Hotels an, wo mich überraschenderweise eine extrem schöne, freundlich lächelnde Frau begrüßte. Sie hieß Iriani, war Ende 20, hatte lange, schwarze Haare und sah irgendwie halbtunesisch oder dritteliranisch aus. Iriani war komplett bekleidet, sie trug ein togaartiges Gewand, das fast bis zum Boden reichte.

»Sie können sich im Hotel überall nackt bewegen«, sagte sie.

»Kann ich oder muss ich?« Der Gedanke, nackt in dem schicken Foyer zu stehen und bei der elegant gekleideten Schönen den Schlüssel abgeben zu müssen, behagte mir nicht so recht.

»Sie können, wenn Sie es wünschen. Sie müssen aber nicht.«

Iriani führte mich durch das Haus. »Hier, das ist der einzige Bereich, in dem Nacktsein Pflicht ist«, sagte sie, und zeigte auf die Tür zum Schwimmbad und zur Sauna. Hinter der Glastür sah ich eine Seniorin, die nur mit einer Oma-Bademütze bekleidet war. Auf der Dachterrasse beim Hallenbad standen ein paar Männer in meinem Alter. Sie waren nackt, rauchten und tranken Cocktails.

Bevor ich meinen ersten Rundgang durch die Kolonie der Nackten startete, zog ich Hose und Hemd aus. Um meinen Geldbeutel, mein Handtuch und meine Badehose nicht unter der Achsel tragen zu müssen, nahm ich eine Plastiktüte mit und zog los, bekleidet nur mit Flip-Flops und Sonnenbrille. Als Erstes begegnete ich einem Postboten, der aber eine ganz normale französische Postbeamtenkluft trug. Er kam vom Postamt, wo nackte Urlauber ihre Postkarten bei angezogenen Schalterbeamten abgeben können. Danach kamen mir zwei Handwerker entgegen, in blauen Latzhosen, Arbeitsschuhen und Baseballkappen. Kurz darauf sah ich zwei Polizisten, die in ihren blauen Uniformen Streife gingen. Hatte ich bei den Nacktheitsregeln vielleicht doch etwas falsch verstanden? Langsam kam ich mir lächerlich vor, aber ich ließ mir nichts anmerken, umklammerte meine Plastiktüte und schlurfte einfach weiter.

Auf dem Weg in Richtung Strand durchquerte ich eine Einkaufspassage, die aussah wie jede andere Einkaufspassage: zwei Supermärkte, ein Metzger, Eisdielen, Cafés, Tabakläden. Bloß waren die Kunden, die durch die Passage flanierten, alle nackt. Endlich!

Ich schlenderte hinter einem britischen Paar her, deren Rücken rot leuchteten – sie hatten wohl die französische Sonne etwas unterschätzt. Aus der Metzgerei kam der Duft von gegrilltem Fleisch. Ich bemerkte, dass ich Hunger hatte, und betrat den zur Metzgerei gehörenden Imbiss. In der verglasten Auslage war rosa glänzendes Schweinefleisch gestapelt, daneben lagen Koteletts und Steaks. Der Metzger war zum Glück nicht nackt, er trug eine weiße Schürze mit roten Spritzern drauf. Hinter ihm drehten sich Brathähnchen am Spieß, aus denen das Fett tropfte. Das ältere Paar vor mir bestellte gerade einen Gockel. Er hatte blondierte Haare und Tätowierungen auf der Schulter, sie trug zu ihren blondierten Haaren eine Steiß-Tätowierung und gepiercte Nippel.

»Ja, bitte?« Der Metzger starrte mich an.

»Ähm, Moment, ich weiß noch nicht …«

»Gockel? Grillwurst? Pommes?«

»Moment … tut mir leid.«

Die Leute hinter mir in der Schlange fingen an, in unterschiedlichen Sprachen zu murren. Murren auf Holländisch hört sich am hässlichsten an, dachte ich, so viele Kratz- und Zischlaute.

»Ja?« Der Metzger hielt ein Messer in der Hand. Und blickte mich an, als würde er meinen nackten Körper theoretisch schon mal in Filet, Koteletts und Haxen aufteilen.

»Gar nichts. Entschuldigen Sie bitte.«

Mir wurde plötzlich übel. Ich weiß nicht, ob es am Geruch lag oder an dem geballten Anblick von so viel nacktem, rohem Fleisch, aber ich musste dringend an die frische Luft.

Vorbei an mehreren Souvenirläden und einer Pizzeria lief ich in Richtung Strand. Ein kühler Wind blies mir entgegen. Ich versteckte mich hinter einem Zaun aus Schilf und zog mir das T-Shirt und eine Badehose über. Verrückt – warum versteckte ich mich eigentlich, um mich anzuziehen?

Die salzige, herbe Meerluft tat gut. Ich fühlte mich von Minute zu Minute besser. Allerdings nur, bis ich merkte, dass mich ungefähr 2800 Leute anstarrten.

Viele schüttelten den Kopf, einige zeigten mit dem Finger auf mich, manche riefen etwas in meine Richtung. Es war wie in einem dieser Träume, in denen man vor einer Menschenmenge steht und sich sehr, sehr komisch vorkommt – bis man merkt, dass man nackt ist und alle anderen sind angezogen. Nur war es hier genau umgekehrt.

Offenbar hatte ich den schlimmsten Fauxpas begangen, den man hier begehen konnte. Man durfte dick sein oder dünn, alt, jung, komplett tätowiert, komplett behaart oder komplett rasiert, weiß, schwarz, gelb oder rot – aber auf gar keinen Fall bekleidet. Ich war ein angezogener Irrer in einer Menge von Nackten. Ebenso gut

hätte ich pudelnackt durch die Münchner Fußgänger-
zone laufen können. Augenblicklich schämte ich mich
für Hose und T-Shirt.

Hinter einem anderen Bastzaun zog ich mich wieder
aus, verstaute die Klamotten und zog mit meiner Plastiktüte weiter. Wenig später gelangte ich an eine Strandbar,
setzte mich in den Schatten, bestellte einen Salat und
eine Cola und schaute auf das Meer hinaus. Erst hatte
ich das Gefühl, eine fiese Nacktschnecke zu sein, die an
Blättern nagt und wahrscheinlich bald verjagt wird. Aber
nach und nach gewöhnte ich mich an das Nacktsein. Am
Nachbartisch saß ein älterer Russe, der drei Mobiltele-
fone, zwei junge Blondinen und einen dicken Geldbeutel dabeihatte. Außerdem waren ein paar ältere französische Paare zugegen, an einem anderen Tisch saßen vier
Holländerinnen, alle mit einem Sonnenhut auf dem Kopf
und einem Bier in der Hand. Es herrschte eine friedliche
Stimmung in der Strandbar. Es spielte dort seltsamer-
weise keine Rolle, ob man angezogen oder nackt war –
die FKK-Regeln waren schwer zu verstehen.

Auf dem Weg zurück zur Nacktstadt kam mir am
Strand ein voll bekleideter Hund entgegen. Er konnte
sein Fell schließlich nicht an der Garderobe abgeben. Irgendwie beneidete ich ihn, denn es wurde langsam kühler. Wenigstens hatte ich fast überall am Körper Haare,
ein guter Schutz gegen den Wind, sehr angenehm,

dachte ich. Aber dann wurde ich gewahr, dass 80 bis 90 Prozent der Nudisten, denen ich begegnete, am ganzen Körper glatt rasiert waren, manche sogar auf dem Kopf. Als Pelzträger gehörte ich zu den Außenseitern und war eindeutig als Anfänger zu erkennen.

Abends ging ich in ein italienisches Restaurant. Da es kälter als 20 Grad und windig war, hatte ich mir etwas übergezogen. Eine gute Entscheidung, dachte ich, als mich ein Kellner in klassischer schwarzweißer Montur begrüßte. Während er mich zu meinem Platz führte, kamen mir schon wieder Zweifel. Am Nachbartisch saß ein etwa 70-jähriger Herr mit schlohweißen, langen Haaren und Zottelbart, der nichts trug außer Jesuslatschen. Und zwei Tische weiter probierte ein Paar im mittleren Alter gerade den Rotwein – er trug ein schwarzes Netzhemd und Ledershorts, sie ein durchsichtiges enges Top. Punkt. Nichts sonst.

Es fiel mir schwer, die Feinheiten der Speisekarte zu studieren. Das sehr gemischte Publikum lenkte mich doch ein bisschen ab. Ich hielt mich aber wacker, nahm sogar eine ganze Mahlzeit zu mir und beschloss, früh ins Bett zu verschwinden.

Im Nackthotel wollte ich eigentlich nackt schlafen, aber dazu war es mir zu kalt. Beim Einschlafen sah ich lauter hüpfende und hängende Körperteile: Ein Film lief vor meinem inneren Auge ab. Es war ein Nacktfilm.

In der Hauptrolle: ich. Die wichtigsten Stationen meines Lebens waren in einem Zusammenschnitt zu sehen, wie in einem Kinotrailer. Und in jeder Szene war ich selbst nackt oder mit anderen Nackten zusammen. Meine Geburt: nackt. Mein erster Aufenthalt im Krankenhaus, die Fahrt in den Operationssaal: nackt. Meine erste Freundin, das erste Mal: natürlich nackt. Die Geburt meiner Kinder: fast alle nackt, außer mir und der Hebamme.

Nacktsein ist das Normalste der Welt, dachte ich, und schlummerte in T-Shirt und Shorts ein.

Am nächsten Tag gewöhnte ich mich langsam an diese Welt der Nackten, und irgendwann musste ich nicht mehr glotzen und innerlich lachen. Ich lief nackt durch den Supermarkt, ging nackt zur Bank, um Geld vom Automaten zu holen, und überlegte sogar, ob ich zum Nacktfriseur gehen sollte.

Irgendwann wunderte ich mich auch nicht mehr darüber, wie unglaublich komisch der menschliche Körper eigentlich aussieht. Die Meisten hier wirkten wie dicke Würste mit allen möglichen kleinen Würsten dran. Die Wenigsten waren wohlgeformt. Nur drei oder vier unter den Tausenden Nackten am Strand fielen mir als ideal im Sinne von Leonardo da Vincis vitruvianischem Menschen auf. Aber egal, wie schön oder hässlich jemand war, es war okay, niemand wurde ausgegrenzt, vorausgesetzt, er hatte nichts an. War es das, was Houellebecq mit sozialdemokratisch meinte?

Entspannt spazierte ich den langen, flachen Sandstrand entlang, vorbei an Familien, die Sandburgen bauten, watete durch das angenehm warme Wasser. Langsam hatte ich dieses berühmte Freikörpergefühl. Ich würde nicht so weit gehen, es Kultur zu nennen, aber es hatte was: Alle waren hier so, wie sie zuerst erschaffen und dann durch Tiefkühlpizzas und Bier jahrelang verformt worden waren. Die Hässlichkeit der meisten Körper half einem, die anderen als geschlechtsneutrale Wesen anzusehen.

Doch plötzlich, genau, als das Nacktsein wirklich keinerlei sexuelle Komponente mehr hatte, hatte ich ein einschlägiges Erlebnis. An dem Strandabschnitt, bis zu dem ich an diesem Tag gelaufen war, gab es keine Familien, sondern vor allem Paare und Gruppen von Gleichaltrigen. Die Leute waren hier eng zusammengerückt, obwohl rundum genug Platz gewesen wäre. Frauen lagen mit gespreizten Beinen da, Männer standen breitbeinig im Wasser und glotzten in Richtung der Frauen. Ich war am Schweinchenstrand angekommen.

Dort, wo die Brandung aufhörte und der Strand begann, hatte sich ein Pulk von 30, 40 Menschen gebildet. Sie standen um etwas herum und starrten es fasziniert an. In ihrer Mitte war aus der Entfernung ein glänzender, riesiger Körper zu sehen, der auf dem Boden lag. War dort ein Wal gestrandet?

Zwei ältere Frauen kamen mir entgegen, Spaziergängerinnen, die nicht zu den üblichen Wal-Rettern zu gehören schienen.

»Incredible!«, rief die eine.

Auch die andere schimpfte, von ihrer wortreichen Kanonade verstand ich aber nur »Police«.

Die erste blieb auf meiner Höhe stehen, stemmte ihre geballten Fäuste in die Hüfte und rief zu mir herüber: »Incredible!«

Die andere erklärte auf Englisch mit französischem Akzent: »Sey make löv!«

Ich wusste nicht recht, ob sie mich als Verbündeten anheuern wollte oder die Ansicht vertrat, dass ich für diese Sauerei mitverantwortlich war. Ich zuckte also die Schultern und schlenderte weiter in Richtung Aufruhr. Als ich näher kam, glaubte ich, meinen Augen nicht zu trauen: Was ich für einen halbtoten Wal gehalten hatte, war eine sehr große und breite Frau, die sich über einen Mann beugte. Ihr Kopf bewegte sich auf und ab, und die Umstehenden feuerten sie dabei an. Sie wird doch nicht, dachte ich, und schlich noch näher.

Wie auf ein geheimes Kommando stob die Gruppe in alle Richtungen auseinander. Ich hatte plötzlich freie Sicht auf die absurdeste Szene, die ich je erblickt hatte.

Die Walfrau rollte sich von dem Mann, und durch die Brandung schossen zwei Polizisten auf einem Jetski heran. Beide trugen Uniform, einer ein Fernglas in der Hand, und der andere brüllte etwas, das nicht besonders freundlich klang. Also machte auch ich mich lieber davon, obwohl ich nichts Verbotenes getan hatte. Aus einiger Entfernung beobachtete ich dann noch, wie sich am Schweinchenstrand immer wieder Gruppen bildeten, nach zehn bis fünfzehn Minuten war Applaus zu hören, dann lösten sich die Menschentrauben wieder auf.

Auf dem Weg zurück zum Hotel kam ich an einem Reihenhaus vorbei, wie es in jeder deutschen Kleinstadt stehen könnte. Jägerzaun, ordentlich gestutzte Hecke, Sichtschutz aus Bast, Wäscheständer mit frisch gewaschenen T-Shirts und Unterhosen. Moment mal, hier stimmte doch etwas nicht? Wozu brauchen Nudisten einen Wäscheständer? Nachdenklich stand ich eine Weile am Zaun, drauf und dran, ein Foto zu machen, mochte dann aber doch keine Verhaftung riskieren. Ich wollte gerade weiterlaufen, da sprach mich die Hecke an.

»Tü wö moscher kelkeschos?«

Es war offenbar nicht die Hecke, sondern ein Deutscher hinter der Hecke, der mir etwas zum Essen anbieten wollte.

»Deutsch?«, fragte ich in die Hecke.

»Ach so! Umso besser«, antwortete die Hecke. »Komm

doch rein, wir haben zu viel gegrillt, ist noch jede Menge übrig.«

Das Tor öffnete sich, und ich stand in einem winzigen Vorgarten, in dem zwei Grills, zwei Kisten Bier und zwei nackte Männer standen. Sie trugen Adiletten und rauchten. Genauer gesagt rauchten die Männer und die Grills, die Bierkisten aber nicht, und Adiletten trugen nur die Männer, nicht die Grills und die Bierkisten.

»Die Frauen sind gerade drinnen und machen Salat«, sagte der eine Adilettenträger. Auch das noch.

»Ich bin übrigens der Klaus.« Klaus hatte vorne eine Glatze und hinten einen Pferdeschwanz. Zum Glück war es nicht umgekehrt, dachte ich, behielt den schlechten Witz aber lieber für mich.

»Helmut«, sagte der andere. Er hatte einen Schnauzbart und einen Bierbauch.

»Wurst?«, fragte Klaus.

»Bier?«, fragte Helmut.

»Gern«, sagte ich.

Mehr müssen Männer manchmal nicht reden. Schweigend standen wir eine Weile nackt am Grill. Wir hörten den Steaks beim Brutzeln zu, tranken Bier aus der Flasche und rauchten. Ich machte mir Sorgen um Helmuts Bierbauch und Klaus' Pferdeschwanz, denn der Wurstgrill stieß ab und zu beängstigende Stichflammen aus.

»Einfach geil hier«, meinte Klaus nun.

»Geil«, stimmte Helmut zu.

»Hm«, sagte ich.

Es war hier natürlich genauso ungeil wie in jedem anderen Vorgarten, bei jedem anderen Bier und mit jeder anderen halbverkohlten Wurst, nur dass wir normalerweise keinen Wert darauf legen, die Geschlechtsteile unserer Nachbarn beim Essen zu sehen.

Dann kamen die Frauen.

»Hi, ich bin die Susi«, sagte die Susi. Sie war Mitte 50 und sah aus wie die Wurstfachverkäuferin unseres örtlichen Supermarkts. Das würde auch das Überangebot an Würsten erklären. Zum Glück war sie es nicht. Ich hätte sonst auch nicht gewusst, wie ich jemals wieder 150 Gramm gekochten Hinterschinken bei ihr bestellen könnte, ohne im Boden zu versinken.

Die andere hieß Hildegard und sagte nichts. Dafür aß sie ununterbrochen.

Das fidele Quartett kam dann ziemlich schnell auf die Abendgestaltung zu sprechen. Sie wollten noch »cruisen« und dann später ins »Glamour« gehen. »Cruisen« geht so: Die Männer stellen ihre Frauen im Einkaufszentrum zur Schau, manchmal auch umgekehrt, indem sie in den bizarrsten Verkleidungen durch die Passage stolzieren – mit Masken, Hundehalsbändern oder Tangas im Leopardenmuster. Der Phantasie sind keine Grenzen gesetzt. »Glamour« geht so: Man zahlt beträchtlichen Eintritt, trinkt sehr viel, und anschließend hat jeder mit jedem Sex. Ich lehnte dankend ab und schlich mich aus dem Vorgarten in Richtung Hotel.

Wenn die sexuelle Freiheit aussieht wie die Kombination von Jägerzaun, Bratwurst und Bierbauch, dann möchte ich lieber unfrei leben, entschied ich. Die bis ins Detail geregelte Freizügigkeit in Cap d'Agde erschien mir viel spießiger als jeder angezogene Spießer. Im Bett nahm ich noch einmal *Elementarteilchen* zur Hand und las nach, dass es Houellebecqs Helden Bruno ähnlich ergangen war: »*Viele Jahre später sollte Bruno feststellen, dass die Welt der Kleinbürger, die Welt der Angestellten und mittleren Beamten toleranter, liebenswürdiger und aufgeschlossener ist als die Welt der Aussteiger, der am Rande der Gesellschaft lebenden jungen Leute, die damals durch die Hippies verkörpert wurden.*«

Am Ende seiner Geschichte erschafft Houellebecq sogar ein geschlechtsneutrales Wesen. Ich konnte irgendwie gut verstehen, wieso. Wenn man jahrelang in Cap d'Agde Urlaub gemacht und auch an Swingerpartys teilgenommen hatte, erschien einem die Geschlechtslosigkeit sicher als die reinste Erholung.

Meine Welt war das jedenfalls auch nicht. Geradezu erleichtert zog ich mir am Ende meines Aufenthaltes meine Jeans und das Hemd an und machte mich auf den Weg zurück zum Flughafen. Unterwegs tippte ich eine SMS an Christian in mein Handy. »Nackturlaub ist unsexy«, schrieb ich. »Morgen 15 km?« Die Antwort kam prompt: »Morgen geht nicht, habe mich im Ruderclub angemeldet und fahre in einem Vierer mit. Danach noch Hubschrauberfliegen, Motorradfahren und Grillen mit der Familie. Evtl. Sonntag?«

Hörte dieser Stress denn nie auf?

Als ich endlich angeschnallt, eingeklemmt und bewegungsunfähig im Flugzeug saß, mit dem Blick auf die von der Abendsonne angestrahlten Alpen, fühlte ich mich komischerweise plötzlich frei. Je enger der Bewegungsspielraum, je strikter die Regeln, je langweiliger der Alltag, desto größer kann also die Freiheit sein. Was sollten diese ganzen Mutproben und Ausbruchsversuche aus der Normalität? Sie führten nur dazu, dass ich mich lächerlich machte. Ich nahm mir vor, zu Hause gleich Christian anzurufen und ihm einen Waffenstillstand anzubieten. Anschließend würde ich mit meiner Familie und meinem Hund einen Spaziergang machen. Mit der Vorstellung, ein glücklicher Spießer zu werden, döste ich ein.

Als ich die Augen wieder öffnete, war alles anders. Das Licht in der Kabine war komplett erloschen, obwohl es draußen stockfinster war. Die Stewardessen liefen mit Taschenlampen den Gang auf und ab und verteilten Kommandos: »Anschnallen!«, »Gerade sitzen!« Die Passagiere dagegen waren bedrohlich still. Aus dem Lautsprecher kam die Stimme des Kapitäns: »Wegen eines … technischen … Problems … müssen wir … außerplanmäßig landen.«

Das klang nicht gut. Außerdem machte das Flugzeug eine steile Linkskurve und sank ziemlich schnell in Richtung Berge.

Eben erst hatte ich beschlossen, keine Mutproben mehr zu machen, doch jetzt schien mir gerade die allergrößte Mutprobe bevorzustehen. Na toll.

GANDHI ODER HOTDOG?
NEUES ÜBER DEN SINN
DES LEBENS

Hatte ich vor dem Abflug nicht beschlossen, ein ganz ge-
ruhsames Leben zu führen, ohne Skispringen, Raubtier-
dressur, Gleitschirmabenteuer und sonstigem Adrena-
lin-Terror? Ich war so friedlich eingeschlafen, mit Blick
auf die sanft errötenden Alpen im Abendlicht – und in
einem Alptraum wieder erwacht. Es war wie in einem Ka-
tastrophenfilm, nur leider in echt.

Das Flugzeug, eine dieser engen Blechbüchsen mit
Propellerantrieb, machte seltsame Geräusche. Die Flug-
begleiterinnen blickten von Minute zu Minute ernster
drein und schnallten sich auf ihren Notsitzen fest. Einige Leute fingen an zu wimmern, andere beteten still.
Ein älterer Mann mit Bart blickte aus dem Fenster ins
Dunkel, er hielt einen Plastikbecher mit Rotwein um-
klammert. Er schien glücklich zu sein und mit dem Le-

ben abgeschlossen zu haben. So weit war ich aber noch nicht.

Immer mal wieder gibt es Umfragen, ob man den Zeitpunkt seines eigenen Todes gern wüsste oder lieber nicht. Fast 100 Prozent der Befragten antworten: »Lieber nicht!« Wozu sollte man auch wissen wollen, wann die Uhr abläuft, wenn man den Lauf der Dinge sowieso nicht ändern kann? Ich war solchen Umfragen bisher entgangen, aber ich hielt den Zeitpunkt für geeignet, die Umfrage nun selbst durchzuführen: Darauf konzentriert, das aufkommende Zittern in sämtlichen Körperregionen zu ignorieren, fragte ich mich persönlich, wie alt ich wohl werden würde. Laut Statistischem Bundesamt liegt die Lebenserwartung für einen 40-jährigen Mann in Deutschland bei knapp 40 weiteren Jahren. Aber wer weiß schon, ob er tatsächlich mit 80 stirbt? Das war mir in diesem Moment auch egal, denn ich dachte nur: Ich bin schon zufrieden, wenn das hier gutgeht. Vielleicht würde ich mit 50 abberufen, vielleicht aber auch erst mit 110, keine Ahnung. Der Tod ist ja ein unangenehm launischer Typ, der auch gerne mal ungebeten vorbeikommt, ohne sich vorher anzukündigen. Und dann hat man wahrscheinlich wieder mal nicht aufgeräumt und keinen Kuchen gebacken. Mir war er noch nie besonders sympathisch, dieser Tod.

Während mir solche seltsamen Gedanken durch den Kopf gingen, schaute ich aus dem Fenster und sah, dass wir auf einen Flughafen zusteuerten. Das war schon mal halbwegs beruhigend, auch wenn ich keinen Schimmer hatte, welcher Flughafen es war und ob wir ihn heil erreichen würden. Etwas beunruhigend fand ich hingegen, dass ungefähr 30 Löschzüge und Notarztwagen neben der Landebahn bereitstanden, mit blinkenden Blaulichtern.

Wir setzten mit einem Quietschen auf. Während die Maschine ausrollte, wurden wir rechts und links von Feuerwehrfahrzeugen begleitet. Als die Tür aufging, sah ich eine Gestalt in einem Asbestanzug, die mit einem Schlauch in der Hand auf mich und die anderen Passagiere zulief. Alle sollten schnell das Flugzeug verlassen, rief er.

Wie sich einige Zeit später herausstellte, war durch einen Rauchmelder im Gepäckraum Alarm ausgelöst worden, worauf der Pilot sich mitten über den Alpen zu einer Notlandung in Verona entschlossen hatte. Nun war es fast Mitternacht, niemand wusste, wie es von dort aus weitergehen sollte, am wenigsten die italienischen Flughafenarbeiter, die den Passagieren die Koffer aushändigten und offenbar hauptsächlich darüber rätselten, wie man eine Notlandung nun im Computersystem verbucht und die zusätzlichen Arbeitsstunden abrechnet.

Eine Angestellte der Airline trug einen gelben Umhang mit reflektierenden Streifen über ihrer blauen Uniform, wahrscheinlich zum Zeichen, dass es sich tatsächlich um einen Notfall handelte, obwohl es ja gar nicht gebrannt hatte. Sie war unsere Ansprechpartnerin, aber nur schwer ansprechbar. Die meiste Zeit sprach sie in ihr Funkgerät, und was sie da auf Italienisch redete, klang nicht gut. Sie sagte sehr oft »domani«, manchmal auch »dopodomani«. Dazwischen sagte sie für meinen Geschmack zu häufig das böse S-Wort: »sciopero« – Streik! Alles schien darauf hinzudeuten, dass wir frühestens morgen oder übermorgen weiterkämen, wenn überhaupt, denn wegen eines vorangegangenen Streiks waren alle Flüge, die nicht ausfielen, ausgebucht. Wenn ein Passagier es schaffte, die dauertelefonierende Reflektor-Dame anzusprechen, liefen die anschließenden Gespräche ungefähr so ab:

»Müssen wir nun die ganze Nacht in dieser Wartehalle stehen?«

»Wir arbeiten daran.«

»Wie lange dauert es noch, bis wir wissen, wann es weitergeht?«

»Wir arbeiten daran.«

»Können wir auf Kosten der Fluggesellschaft einen Mietwagen nehmen?«

»Wir arbeiten daran.«

»Tut sich hier überhaupt noch was heute, oder stehen alle nur telefonierend herum?«

»Wir arbeiten daran.«

Es dauerte drei Stunden, bis schließlich keine Lösung gefunden wurde. Gegen Mitternacht beschloss ich deshalb, mit vier weiteren deutschen Passagieren – zwei Frauen, zwei Männern – ein Taxi zum Bahnhof von Verona zu nehmen.

Wir stiegen gegen ein Uhr nachts in den Zug Richtung München. Es gab genau ein freies Abteil. Vor der Abfahrt hatten wir noch versucht, etwas Essbares und ein paar Flaschen Wasser am Bahnhof zu besorgen, aber alle Läden waren längst geschlossen. Seit der »Erfrischung« am frühen Abend im Flugzeug, die aus einer Tüte mit zwölf Mini-Salzbrezeln und einer Dose Cola bestanden hatte, hatte keiner mehr etwas zu sich genommen. Eine der Frauen ging zum Schlafwagenschaffner und überredete ihn, uns eine Flasche Rotwein und zwei Flaschen Mineralwasser zu verkaufen. Über feste Nahrung verfügte er leider nicht mehr.

So ratterten wir müde und hungrig durch die Nacht und tranken lauwarmen Wein aus Plastikbechern. Die Stimmung war einzigartig – genau wie in einem dieser Selbstfindungsfilme, in denen die umtriebigen, gehetzten Protagonisten wie durch ein Wunder dem Tod entgehen und dann zu sich und einer geradezu buddhistischen Seelenruhe finden. Noch nie hatte ich mich so intensiv mit Menschen unterhalten, die eben erst in mein Leben getreten waren, und das auch nur am Rande. Gerade noch knapp dem Ableben entronnen, duzten wir uns natürlich und legten sofort eine ganz unverkrampfte Vorstellungsrunde ein. Mir gegenüber saß Alexander, Professor für Optik und Physik. Neben ihm Thomas, ein Geschäftsmann, der in Südfrankreich eine Maschinenbaufirma besucht hatte. Links von mir hatten es sich Julia und Sylvia gemütlich gemacht, die beide für eine große Weinhandlung arbeiteten und in Frankreich Weingüter besucht hatten.

»Oh, dann ist diese warme Brühe wohl der reinste Horror für euch.« Ich fand, ich gab mich angemessen kumpelhaft und einfühlsam.

»Nein, im Gegenteil«, erwiderte Julia voller Emphase, »das ist der beste Wein seit langem. Prost.«

Wie es sich für solch dramatische Szenen gehörte, schauten wir uns beim Zuprosten gegenseitig in die übermüdeten, glasigen Augen. Dann schwiegen wir eine Weile.

»Ehrlich«, sagte Julia dann in die heilige Stille, »ich genieße jeden Schluck. Ich bin froh, zu leben, auch wenn ich total müde bin und in einem stinkenden Zug durch die Nacht zuckele.« Sie wischte sich eine Träne von der Wange.

Professor Alexander ging es ähnlich. »Wisst ihr, eigentlich hätte ich jetzt schon in Leipzig sein müssen. Dort soll ich morgen früh einen Vortrag an der Uni halten. Zuerst dachte ich, ich muss unbedingt alles in Bewegung setzen, um auf jeden Fall dort hinzukommen, aber – was soll's? Prost.«

Thomas, der Ingenieur mit Nadelstreifenanzug, Hemd und Krawatte, schien als Einziger in unserer Zufallsgemeinschaft resistent gegen den potentiellen Lebenswendepunkt zu sein. Die ganze Zeit, während wir anderen über Gott und Welt plauderten, fummelte er verbissen mit seinem BlackBerry herum, in dem Versuch, im Internet irgendeinen Flug von München aus nach Hamburg zu buchen, was ziemlich aussichtslos war. Doch als keiner mehr damit rechnete, legte er das Gerät beiseite und sagte: »Ich bin schon lange nicht mehr Bahn gefahren, aber ich muss sagen, es hat was.« Das war dramaturgisch sehr geschickt. Eben noch der Außenseiter der Truppe, hatte er jetzt unsere gesammelte Aufmerksamkeit. »Schön, euch alle kennenzulernen. Schön, zu leben. Prost.«

Die Harmonie war komplett, der Rotwein so gut wie alle. Nach einer Pause fügte Thomas der Ingenieur leise hinzu: »Das habe ich schon lange nicht mehr gesagt.«

»Was denn?«, fragte ich. »*Prost?*«

»Nein, *schön zu leben*«, antwortete er. »Vor fünf Jahren hatte ich einen schweren Autounfall, bei dem ich beinahe gestorben wäre. Ich machte danach aber weiter, als wäre nichts passiert, immer mehr Arbeit, immer mehr Termine, immer mehr Umsatz. Man nimmt sich keine Zeit, das Leben zu genießen.«

»Das stimmt«, sagte Sylvia. »Man sollte sich mehr Zeit nehmen für das, was einem am Herzen liegt.«

Es folgten schwärmerische Beschreibungen über die jeweiligen Lieblingshobbys, Lieblingsmenschen und Lieblingstiere. Nach einer Stunde waren wir so weit, dass jeder Familienbilder aus dem Geldbeutel kramte und stolz herumzeigte. Ohne Notlandung wäre das nicht passiert. Alle hätten stumm nebeneinander gesessen und mit ungerührten Mienen in Zeitungen und Magazinen geblättert.

Im Grunde hätte der Film hier zu Ende sein können. Noch eine Nahaufnahme über all die glücklich entspannten Gesichter und danach zu sentimentaler Musik der Abspann. Alle hätten was gelernt, und der Zuschauer wäre froh, dass es ihm in seinem ganz normalen Leben so gut geht. Perfekt.

Doch dann sagte der Optikprofessor aus heiterem Himmel: »Es ist schon seltsam. Einerseits erwartet man immer, dass alles reibungslos funktioniert, und andererseits setzt man sich in der Freizeit bewusst Risiken aus. Warum gibt es denn Gleitschirmflieger oder Extremskifahrer? Weil der Mensch solche Grenzerfahrungen sucht.«

»Der Mensch?«, fragte Julia. »Oder der Mann? Ich kenne jedenfalls wenige Frauen, die scharf darauf sind, sich selbst in Lebensgefahr zu bringen. Dafür weiß ich von mindestens drei Bekannten, dass sie sich beim Extremsport verschiedene Körperteile demoliert haben.«

»Bescheuert«, kommentierte Sylvia.

»Selber schuld«, sagte Thomas.

»Alles Wahnsinnige«, sagte Alexander.

Da hatte ich mich innerlich so schön baumeln lassen, eingelullt in die bedeutungsvolle, aber friedliche Interaktion, und plötzlich stand ich unvorbereitet im Kreuzfeuer der Kritik – auch wenn keiner der Kritiker etwas davon ahnte. Nach einem kurzen Moment inneren Aufruhrs hielt mein neues Ich die Zeit für reif, mich zu outen. Also erzählte ich stichwortartig von meinen heldenhaften Projekten der vergangenen Monate – angefangen vom Gourmetmarathon über die Skischanze, das Agententraining, den Großbagger und das Nacktyoga bis hin zu meiner landwirtschaftlichen Phase und der Nudisten-Party.

Eine Weile lang war es recht still in unserem Abteil. Keiner sagte etwas. Ich wusste nicht so recht, was die Leute von meinen Abenteuern hielten. Das Abteil wechseln konnten sie nicht, denn der Zug war voll besetzt. Die Weinflasche war längst leer, die Stimmung drohte zu kippen.

»Das mit der Skischanze glaube ich nicht«, sagte Alexander schließlich. »Kannst du das irgendwie beweisen?«

»Klar, kann ich.« Ich klappte meinen Computer auf und klickte ein paar Bilder an, die mich bei meinen ersten Sprüngen zeigten.

»Mutig«, meinte Julia.

»Beeindruckend«, sagte Sylvia.

»Chrm … chrm … chrm«, sagte Thomas. Er war eingeschlafen.

Geradezu geläutert kam ich in München an, überzeugt davon, nun ein besserer Mensch zu werden, zufrieden mit mir selbst, in mir ruhend, ohne weitere Extremsport-Ambitionen oder absurde Wettkampfideen für Christian.

»Ich lebe!«, rief ich zur Begrüßung, als ich gegen Mittag zu Hause auftauchte. Mein Hund zeigte sich ausgesprochen begeistert darüber, aber ich hätte auch »Ich bebe!« oder »Ich klebe!« rufen können, dem Tier war das inhaltlich egal, Hauptsache, ich glänzte wieder durch Anwesenheit. Anna war nicht ganz so euphorisch wie der Hund, der an mir hochsprang und mir das Gesicht abschleckte. Sie wendete sich ab, als ich sie küssen wollte.

»Du hast eine Fahne«, sagte sie.

»Es gab eine Notlandung«, sagte ich, »und dann sind

wir mit dem Zug von Verona nach München gefahren, Julia hat eine Flasche Wein beim Schaffner gekauft …«

»Notlandung. Verona. Julia. Wein«, wiederholte meine Frau. »Das ist die blödeste Geschichte, die ich je gehört habe.«

»Genau. Und dann sind wir auf den Sinn des Lebens gekommen.«

»Das ist ja schön.«

Mir fiel auf, dass ihre Mimik und Gestik nicht recht zu dieser Erwiderung passten: Sie verdrehte die Augen und fasste sich an den Kopf.

Meine Familie hatte damit gerechnet, dass ich am Freitagabend mit dem Flugzeug aus Frankreich käme, wo ich aus Gründen, die objektiv gesehen nicht so ganz einleuchtend klangen, einen Nackturlaub verbracht hatte. Und nun kam ich am Samstag mit dem Zug aus Verona, roch nach Rotwein, erzählte von Julia, Sylvia und meinen anderen neuen Freunden – und faselte zudem irgendein wirres Zeug über den Sinn des Lebens. Und all das, nachdem ich mit Wurst-Swingern eine platonische Grillparty gefeiert hatte. Wie es aussah, hatte ich ein ziemlich großes Glaubwürdigkeitsproblem.

Ein paar Stunden später, als ich alles noch mal in Ruhe geschildert und anhand von Bahntickets nachgewiesen hatte, überwog dann aber auch bei meiner Familie die Zufriedenheit, dass ich nicht über den Alpen verglüht war. Was nicht hieß, dass die Skepsis gegenüber meinen Verlautbarungen komplett versiegte.

»Du wirst ein anderer Mensch? Glaube ich nicht«, sagte meine Frau. »Ehrlich gesagt will ich es nicht hoffen.«

»Doch, ich werde ab jetzt ein ganz friedliches, geradezu spießiges Leben ohne gefährliche Hobbys führen. Plätzchenbacken, Blumengießen, Gassigehen, das ist meine Welt.«

»Plätzchen? Glaube ich nicht.«

»Und diesen Wettbewerb mit Christian gebe ich auch auf.«

»Du wirst erwachsen? Glaube ich nicht.«

Ich richtete mich gedanklich auf mein neues, geregeltes Leben ein und suchte nach Tätigkeiten, die möglichst friedvoll wirken. Origami vielleicht, Hinterglasmalerei oder Seidentücher färben – das wäre was. Stricken oder gar Häkeln schieden aus, das erschien mir beides zu gefährlich, wegen der spitzen Nadeln. Aus dem gleichen Grund verwarf ich auch die Idee, eine Kakteenzucht anzufangen. Was da alles passieren könnte!

Trotz meines neuen, gewalt- und stressfreien Lebenswandels, der demnächst beginnen würde, war ich auch ein wenig stolz auf das, was ich in den vergangenen Monaten alles geleistet hatte. Ich war ganz wild darauf, mit Christian die Abschlussbilanz durchzusprechen, deshalb rief ich ihn gleich an und verabredete mich mit ihm für den nächsten Tag zum therapeutischen Laufen.

»Ich betreibe keine gefährlichen Hobbys mehr«, erklärte ich beim Losrennen. »Lass uns ganz gemütlich joggen.«

»Keine gefährlichen Hobbys? Dann musst du als Erstes den Hund abschaffen«, meinte Christian. Bruno raste gerade wie ein Irrer um uns herum und versuchte, mein Handgelenk zu schnappen.

»Nein, ich meine so Sachen wie Fallschirmspringen, Skifliegen oder Motorradfahren. So was braucht man doch nicht wirklich.«

»Du hast recht.«

»Weniger Adrenalin, mehr Meditation, das ist mein Motto.«

»Genau. Darf ich dich ab jetzt Gandhi nennen?«

»Blödmann. Ich bin kurz davor, den Sinn und die Mitte zu finden.«

»Zweiundvierzig.«

»Häh?«

»Zweiundvierzig. Wie die »Antwort auf die Frage nach dem Leben, dem Universum und allem« in *Per Anhalter durch die Galaxis*. Wie die Mitte des Lebens. Wie die Marathon-Distanz.«

»Oder wie mein Alter.«

»Genau. Übrigens, du hattest mich doch zum Geburtstag eingeladen. Ich kann leider nicht.«

»Warum?«

»Ein wichtiger Modelhubschrauberwettkampf: die deutschen Meisterschaften im Rückenfliegen.«

Zu meinem Geburtstag bekam ich grünen Tee, Räucherstäbchen, Seidenpapier – und einen Gutschein. Die Idee dafür war von Sam, meinem Sohn. Es war ein Gutschein für das Seminar »Wrestling für Anfänger«. Ein Wochenende lang bildeten echte Profi-Wrestler interessierte Laien in der Kunst des Würgens, Hauens und Fallens aus. Eigentlich lehnte ich Gewalt ja ab, aber ein Geschenk meines Sohnes würde ich nie abweisen. Da musste ich wohl durch. Ich war zurück im Spiel, wie es schien. Gandhi konnte ich auch noch mit 44 oder 64 werden.

Gegen Abend rief mich Christian an, um mir zu gratulieren.

»Alles Gute, Alter«, rief er ins Telefon. Im Hintergrund hörte ich das Flappen von Rotoren und das hochfrequente Summen von Elektromotoren.

»Selber Alter. Weißt du, was ich von meiner Familie bekommen habe?«

»Elektronische Fußfesseln? Baldrian? Einen Schaukelstuhl?«

»Ganz falsch.«

»Einen ferngesteuerten Hubschrauber!«

»Nein. Einen Gutschein für ein Wrestling-Seminar!«

»Oha.«

»Und jetzt habe ich eine Idee … «

»… du sagst ab, um dich zu schonen.«

»Nein, im Gegenteil! Du machst auch mit! Ich finde, wir sind jetzt so weit, unseren Konkurrenzkampf zu beenden.«

»Welchen Konkurrenzkampf? Ich weiß nicht, wovon du sprichst.« Meinte er das ernst, oder hatte er tatsächlich nichts von unserer Rivalität mitbekommen?

»Ach komm«, beharrte ich, »lass uns gemeinsam dort antreten, anstatt uns gegenseitig mit immer neuen Aktionen zu überbieten.«

»Nun gut, wenn du meinst … Du sprichst plötzlich so vernünftig. Wirst du etwa erwachsen?«

»Vielleicht. Du hast mich ja auch schon Alter genannt.«

»Aber findest du Wrestling vernünftig?«

Die Antwort darauf verschob ich auf später.

Das Seminar fand an einem Wochenende in einer Wrestling-Schule bei München statt. In der Turnhalle standen schon 14 Männer bereit, manche waren Anfang 20, die ältesten schienen Anfang 30 zu sein. Und dann waren da noch Christian und ich.

Der Trainer sah aus wie Conan der Barbar, lange braune Haare, Oberkörper breit wie ein Schrank, Waden in Fußballgröße. Nur hatte er kein Schwert. »Ich bin der Tom«, sagte er. »Ihr lernt hier in zwei Tagen die Grundzüge des Wrestling. Keine Angst, ist alles nur Show.«

Wir begannen mit Fallstudien. Beim Wrestling geht es darum, sich von seinem Gegner möglichst spektakulär durch die Gegend werfen zu lassen und umgekehrt seinen Gegner möglichst spektakulär zu Fall zu bringen. Es ist eher eine Choreographie als ein Kampfsport. Obwohl es auch ziemlich anstrengend ist, einen 80-Kilo-Klops an seinem Gürtel waagerecht zu halten und dann auf die Matte klatschen zu lassen. Ich machte mir Sorgen um meinen Rücken und befürchtete, dass ich mir einen Bruch hebe.

Trainer Tom, der in der Wrestlingszene als »Tiger Tom« bekannt war und gerne im gelbschwarz gestreiften Kostüm auftrat, mit Raubtiermaske und geringelten Kniestrümpfen, machte seinen Job aber gut und erklärte uns, wie man nur so tut, als ob man sich tierisch anstrengt. Das war mir sehr sympathisch. Nach ein paar Stunden machte mir das Ganze sogar ziemlichen Spaß. Wir übten akrobatische Stürze, Drohgebärden, Schreie und Griffe. Es tat irgendwie gut, mit Christian zu kämpfen, ohne wirklich zu kämpfen. Aufgrund unserer ähnlich geringen Körpergröße waren wir ideale Sparringspartner.

Am nächsten Tag studierten wir eine Art Show ein. Es sah schon fast nach einem Kampf aus. Natürlich hatten wir keine Kostüme und keine Künstlernamen. Am Ende des Kurses verkündete der Tiger dann das Angebot an alle, vor Publikum gegen die Teilnehmer des Kurses zu kämpfen.

»Ihr müsst nur dieses Anmeldungsformular ausfüllen, fünfzig Euro bezahlen und euch eine Kunstfigur ausdenken«, sagte Tom der Tiger. »Wer will, kann sich auch verkleiden. Die Show findet dann in zwei Wochen hier statt. Ihr könnt gerne eure Familie mitbringen zum Zuschauen.«

Das klang gut. Meinen Plan, ein gewalt- und sportfreies Leben auf dem Sofa zu führen, würde ich dann gleich danach in die Tat umsetzen – ganz sicher. Jetzt galt es erst einmal, sich einen Künstlernamen auszudenken und vielleicht noch ein Kostüm zu basteln.

Als was sollte ich gehen?

The Incredible Alk – als Weinflasche verkleidet?

Fritz, die fiese Fritte – als ketchuprote Killer-Pommes?

Ich entschied mich für die Kunstfigur »Horrible Hotdog«. Es sollte ein schreckliches Mischwesen aus mir und Bruno sein. Von mir sollte es das Menschliche haben, von meinem Hund das Furchterregende. Ich zog ein Pelzkostüm an, hängte mir Schlappohren aus Filz an den Kopf, kaufte mir eine Werwolf-Maske und bastelte mir sogar einen Schwanz, den ich mir hinten an den Gürtel knotete. Möglicherweise war das ein Nachteil im Kampf, denn so einen Schwanz konnte der Gegner gut packen und festhalten. Aber mir ging es vor allem um gutes Entertainment. Wahrscheinlich hatte ich noch nie in meinem Leben so lächerlich ausgesehen, nicht mal im Skispringeranzug.

Bei der Anprobe vor dem Spiegel hatte ich sofort einen erbitterten Feind – meinen Hund. Bruno toleriert es überhaupt nicht, wenn ich mich verkleide. Er mag es nicht mal, wenn ich mir im Winter Handschuhe und Mütze anziehe, Spaziergänge im Schnee sind deshalb eine besondere Herausforderung, weil er dauernd versucht, mir die Handschuhe und die Mütze vom Körper zu schnappen. Besonders wütend schien es ihn zu machen, dass ich nun als zweibeiniger Hund in seinem Revier herumstand und meinem Spiegelbild mit bizarren Gebärden drohte. Er sprang an mir hoch und versuchte, in den Fake-Schwanz zu beißen. Mit Mühe und Not konnte ich ihm unverletzt entkommen. Wenn das kein gutes Aufwärmtraining war!

Zusammen mit meiner Familie fuhr ich am frühen Nachmittag in die Sporthalle. Den Hund hatten wir zu Hause gelassen. Zwei Kampf-Köter wären einer zu viel gewesen.

»Sitz!«, sagte Anna, als ich auf dem Beifahrersitz Platz nahm.

»Fuß!«, sagte Lea, als wir über den Parkplatz zum Sportzentrum liefen.

»Aus!«, sagte Sam, als ich in einen Apfel beißen wollte.

Ich hatte das dumpfe Gefühl, nicht ganz ernst genommen zu werden. »Vorsicht, ich bin Horrible Hotdog, ein gefährliches Biest«, drohte ich.

»Ich dachte, du bist jetzt Gandhi«, entgegnete meine Frau.

»Entschuldigung, wer hat mir dieses Seminar geschenkt? Jetzt bin ich eben ein Kampfhund. Ihr werdet schon sehen.«

»Okay, lauf! Fass!«, riefen meine Angehörigen, während wir die Halle betraten. Lachend setzten sie sich auf die Tribüne, die bereits halb voll war. Sam hielt die Videokamera bereit, ich hatte ihn gebeten, den Kampf aufzuzeichnen. Den hoffentlich beeindruckenden Film wollte ich später mit Musik aus »Rocky« unterlegen.

Christian hatte ich in der Turnhalle noch nicht entdeckt, aber ich wusste ja auch nicht, welche Figur er sich ausgedacht hatte, das hatten wir uns gegenseitig nicht verraten. War er vielleicht dieser Batman mit den Fledermausohren da drüben? Oder jener durchtrainierte Typ im enganliegenden Glitzerkostüm mit der Totenkopfmaske? Wohl eher nicht, denn so gut definiert war Christians Oberkörpermuskulatur nicht, das wusste ich.

Etwas verunsichert schlich ich mich in die Umkleidekabine, wo Männer ihre Kostüme anprobierten. Ich sah Sebi den Supermann (in Strumpfhosen und mit Cape), einen Typen im Robin-Hood-Aufzug und eine Art Gangster-Rapper mit Goldkette und Schlabberhose. Als Hund sah ich dazwischen geradezu putzig aus.

»Okay, wer ist Horrible Hotdog?«, rief der Trainer in den Umkleideraum.

»Wuff«, sagte ich.

»Du bist als Erster dran. Dein Gegner ist ein Huhn.«

»Ein Huhn?«

»Jau, nennt sich Killer-Chicken. Reiner Zufall, dass es gleich gegen einen Wolf in den Ring muss.«

»He! Ich bin ein Hund!«, bellte ich durch die Werwolf-Maske.

»Ach so, 'tschuldigung. Egal, los geht's.«

Auf dem Weg in die Halle, wo ich auf das Kampfhuhn treffen sollte, rannte ich erst einmal gegen den Türpfosten – der Blickwinkel aus der Werwolf-Maske war etwas eingeschränkt. Als ich die Arena betrat, glaubte ich, brausenden Applaus zu hören. Es war aber nur das Blut, das in meinem Kopf rauschte. Die Maske? Der Türpfosten? Das Lampenfieber? Ich war noch nie als Kampfhund vor Publikum aufgetreten. Dem Hühnchen schien es genauso zu gehen. Es trippelte zaghaft mit hängendem Schnabel in die Mitte der Halle, wo ein Ring aufgebaut war. Die Zuschauer begannen zu lachen. Ich konnte einige Fotoapparate und Videokameras entdecken, die auf uns gerichtet waren.

In einer Turnhalle, wo sich sonst Frauen zur rhythmischen Sportgymnastik und jugendliche Handballer trafen, standen sich nun also ein Killerhuhn und ein Kampfhund gegenüber. Es war wie an Fasching, nur ohne Alkohol. Dafür aber mit Publikum. Aus den Lautsprechern drang erst Survivors »Eye of the Tiger« (da hatte doch tatsächlich jemand meine Musikidee geklaut!), dann die übertrieben dramatische Stimme des Moderators, der zugleich Kampfrichter, Trainer und Veranstalter war. Er trug ein Tigerkostüm. »Und hier kommt das Kiiiiiiiiiiiiiiiiiiiiiiiiiiiiiiiiiiiiiiiiiiller-Chicken!«, rief der Tiger. »Auf der rechten Seite sein heutiger Gegner: Der Horrible Hooooooooooooooooooooooooootdog.«

Die laaaaaanggezogenen Vokale machten die Sache leider nicht aufregender, sondern nur noch lächerlicher.

Das Huhn begann nun, wie irre hin und her zu rennen. Gehörte das zur Choreographie, oder war das Killergeflügel tatsächlich in Panik geraten? Ich knurrte, weil das zu meiner Rolle gehörte, und fletschte die Zähne. Dann versuchte ich, das Huhn an der Hüfte zu packen, war mir aber nicht sicher, ob Hühner überhaupt Hüften hatten. Ich hatte wohl eine Sekunde zu lange nachgedacht, denn das Kampfhuhn packte mich am Bein und versuchte, mich zu Fall zu bringen. Das musste ich verhindern, deshalb griff ich dem lästigen Vogel an die Gurgel. Natürlich nur zum Spaß, beim Wrestling ist ja alles Show. Irgendwie erwischte ich die Schnabelmaske – und hatte plötzlich den halben Hühnerkopf in der Hand.

Vor mir stand ein Killerhuhn – mit dem Gesicht von Christian.

Er blickte verblüfft in mein Kampfhundgesicht.

Ich nahm die Werwolfmaske ab und erwiderte den Blick. Die Erkenntnis traf mich wie ein Blitz. Sofort drehte ich mich zur Tribüne, dorthin, wo meine Familie saß, mit der Videokamera im Anschlag. Neben ihnen saß Christians Familie. Alle zusammen winkten sie uns zu. Dem restlichen Publikum, das eigentlich gekommen war, um packende Kämpfe zu sehen, entging die wahre Dramatik der Szene. Vereinzelt waren sogar Buhrufe zu hören.

»Hallo«, sagte das Kampfhuhn mit hängendem Kopf, auf dem ein Kamm aus Gummi wackelte.

»Hallo«, sagte der schreckliche Hotdog, dessen Werwolfzähne schlapp herunterhingen.

»So dämlich haben wir wahrscheinlich noch nie ausgesehen«, sagte das Kampfhuhn.

»Und so lächerlich werden wir uns garantiert nie mehr machen«, sagte der Kampfhund.

Kampfhund und Kampfhuhn reichten sich die Hand.

»Was machst du morgen?«

»Weiß noch nicht. Irgendwas Banales. Erwachsen werden oder so.«

»Klingt phantastisch, darf ich mitmachen?«

Und dann lachten wir. Wir lachten uns halbtot und bis uns die Tränen kamen. Anschließend umarmten wir uns, während die Musik wieder einsetzte – wahrscheinlich, um uns aus der Arena zu vertreiben.

Seit jenem Tag bin ich erwachsen. Endgültig.

Constantin Gillies

Wickelpedia

Alles, was man(n) übers Vaterwerden wissen muss
Mit zahlreichen Illustrationen

ISBN 978-3-548-28195-7
www.ullstein-buchverlage.de

Wickelpedia ist das erste Handbuch, das sich an alle werdenden und frischgebackenen Väter richtet, die nicht nur das Wunder der Geburt interessiert, sondern auch, wie man zwischen Bäuerchen und Windelwechsel in Ruhe Fußball gucken kann. Die trotz Baby-Tragebeutel und Kinderwagen noch cool aussehen möchten. Kurzum: die einfach wissen wollen, wie man einen Tag mit dem eigenen Kind übersteht. Die wichtigsten Überlebenstipps für junge Väter – witzig, prägnant und garantiert politisch unkorrekt.

»Ein erhellender Leitfaden, den jeder Vater gelesen haben sollte.« *Kölnische Rundschau*

UB539